Siqabukile Ndlovu
Thambo Nyathi

Manipulação de quadros de balizas para atenuar pontos de acesso não autorizados em smartphones

Siqabukile Ndlovu
Thambo Nyathi

Manipulação de quadros de balizas para atenuar pontos de acesso não autorizados em smartphones

ScienciaScripts

Imprint

Cover image: www.ingimage.com

This book is a translation from the original published under ISBN 978-3-659-81683-3.

Publisher:
Sciencia Scripts
is a trademark of
Dodo Books Indian Ocean Ltd. and OmniScriptum S.R.L publishing group

120 High Road, East Finchley, London, N2 9ED, United Kingdom
Str. Armeneasca 28/1, office 1, Chisinau MD-2012, Republic of Moldova, Europe
Printed at: see last page
ISBN: 978-620-8-11423-7

RESUMO

A ubiquidade introduzida pelo advento dos telemóveis inteligentes aumentou a necessidade de os seres humanos se manterem ligados. No entanto, a conetividade móvel também introduziu outras vulnerabilidades associadas à utilização da tecnologia sem fios. A utilização de dispositivos sem fios para aceder aos recursos da rede empresarial faz agora parte da norma nos ambientes empresariais. Quando os utilizadores sem fios precisam de se ligar a uma rede, dificilmente questionam a fonte da sua conetividade, ou seja, o controlador de acesso à rede sem fios. O acesso à rede, incluindo à Internet, por parte de dispositivos móveis e sem fios é geralmente facilitado por um controlador de acesso que é normalmente um ponto de acesso ou um router sem fios. Os telemóveis, em particular os smartphones, estão equipados com um navegador Web (microbrowser) que permite aos utilizadores aceder aos recursos da rede. A maioria dos utilizadores tira partido do aspeto da mobilidade, enquanto para alguns os microbrowsers são a única opção de acesso em linha. Estes dispositivos sem fios de aparência inofensiva podem ser uma fonte de grandes ameaças se forem configurados para tal. A Internet está repleta de aplicações móveis, especialmente aplicações para Android, capazes de detetar pacotes. A combinação destas aplicações instaladas num smartphone e a capacidade de o smartphone ser configurado como ponto de acesso pode constituir um Smartphone Rogue Access Point (SRAP). Um intruso pode visitar uma organização, sentar-se na receção, fingir que está à espera de alguém e parecer que está sempre a brincar com o seu telemóvel Android, capturando pacotes de funcionários desprevenidos no trabalho. Um intruso pode detetar o identificador do conjunto de serviços (SSID) da organização e, em seguida, instalar o seu SRAP com o mesmo SSID e os empregados insuspeitos ligar-se-ão através do seu ponto de acesso desonesto no smartphone. Os pontos de acesso anunciam a sua disponibilidade utilizando o que se designa por "beacon frame". A estrutura do beacon frame contém alguns campos opcionais chamados conjuntos de parâmetros. Neste trabalho de investigação, propomos uma solução que reestrutura esta estrutura de sinalização para incluir um valor de ponto de acesso autêntico (AAPV). A manipulação dessa variável pode ser usada para defender contra pontos de acesso desonestos.

DEDICAÇÃO

Para o meu marido, confidente e melhor amigo Zet

AGRADECIMENTOS

Os meus agradecimentos especiais vão para o meu supervisor, Sr. T. Nyathi, pela sua paciência e por ter acreditado em mim. A sua orientação e encorajamento fizeram-me chegar até aqui. A minha co-orientadora, Sra. S. S. Dube, obrigada pelo seu apoio. Gostaria também de agradecer a todos os professores do Departamento de Informática pelo apoio contínuo, com um agradecimento alargado ao Sr. K. Muzheri por se ter disponibilizado e dedicado o seu tempo a ajudar na investigação. A sua ajuda com o ambiente Linux foi muito útil. Agradeço também à NUST, enquanto instituição, por me ter dado a oportunidade de prosseguir os meus estudos. Gostaria também de agradecer ao meu marido, à minha família e aos meus colegas de turma pelo seu apoio constante. Obrigada Pai Todo-Poderoso pelas tuas bênçãos.

ÍNDICE DE CONTEÚDOS

CAPÍTULO 1 - INTRODUÇÃO

1.0 Introdução

Uma rede local sem fios (WLAN/wireless LAN, por vezes referida como rede local sem fios (LAWN)) é uma rede em que um utilizador móvel pode aceder aos recursos da rede através do ar. O grupo de normas IEEE 802.11 especifica as tecnologias para as LAN sem fios. Estas normas utilizam o protocolo Ethernet, em particular o Carrier Sense Multiple Access with Collision Avoidance (CSMA/CA) para partilha de caminhos. Os indivíduos e as organizações podem utilizar a tecnologia sem fios para alargar a sua rede com fios existente, entre outras utilizações. A utilização da tecnologia sem fios aumenta a mobilidade, uma vez que os utilizadores podem aceder à sua rede a partir de qualquer ponto da área coberta, mas diminui o alcance, uma vez que o alcance das redes sem fios é apenas de 100 a 200 metros.

Um ponto de acesso (AP) é um emissor-recetor de rádio de rede sem fios Wireless Fidelity (Wi-Fi) que permite que um computador devidamente equipado ou outro dispositivo cliente sem fios (por exemplo, telemóvel, câmara e leitor de códigos de barras) se ligue a uma rede. A ligação funciona exatamente como uma ligação Ethernet com fios. O ponto de acesso actua como um hub, fornecendo conetividade aos dispositivos clientes. Pode ligar ou estabelecer uma ponte entre a WLAN e uma LAN com fios, permitindo o acesso sem fios a recursos da LAN, como servidores de ficheiros ou a ligação à Internet existente. Quando os protocolos de comunicação foram desenvolvidos, a segurança não era uma prioridade na altura (Mateti, 2005). Fundamentalmente, o fornecimento de segurança num ambiente com fios é diferente do que num ambiente sem fios. Para começar, é mais difícil aceder a uma rede com fios sem autorização do que a uma rede sem fios, que é de natureza difusa. O tráfego sem fios pode ser detectado num edifício através da utilização de um ponto de acesso não autorizado (RAP), que pode ser instalado num carro estacionado a uma distância de um quilómetro ou enquanto se conduz à volta do edifício.

Por outro lado, ao tentar atacar uma rede com fios, o atacante tem primeiro de encontrar uma forma de instalar um programa de deteção de pacotes num ou mais anfitriões da rede visada. Isto significa que o atacante terá de obter acesso físico à organização, o que pode ser altamente improvável. Dependendo do tipo de equipamento utilizado na rede local (LAN), o sniffer de pacotes tem de ser executado na máquina da vítima cujo tráfego é de interesse ou noutro anfitrião na mesma rede que a vítima. Um atacante em linha pode utilizar outras técnicas que permitem instalar um sniffer remotamente na máquina da vítima. (Mateti, 2005).

1.1 Antecedentes

A omnipresença introduzida pelo advento dos smartphones fez aumentar a necessidade de os seres humanos se manterem ligados. Esta necessidade foi agravada pela popularidade de redes sociais como o Facebook, o Twitter e o WhatsApp, que permitem conversar em linha. Os smartphones estão equipados com adaptadores sem fios incorporados que permitem a conetividade sem fios. No entanto, a necessidade e o desejo de conetividade móvel, que introduz a utilização de pontos de acesso, também introduziu outras vulnerabilidades associadas à utilização de redes sem fios. A utilização de dispositivos sem fios para aceder aos recursos da rede empresarial faz agora parte da norma num ambiente de trabalho empresarial. Quando os utilizadores sem fios precisam de se ligar à rede ou à Internet, dificilmente questionam a fonte da sua ligação à rede, ou seja, o controlador de acesso à rede sem fios. Os telemóveis, em especial os smartphones, estão equipados com um navegador Web (microbrowser) que permite aos utilizadores aceder aos recursos da rede. A maioria dos utilizadores tira partido da mobilidade destes dispositivos, enquanto para alguns os microbrowsers são a única opção de acesso em linha.

Devido à sua funcionalidade de hotspot, os smartphones podem ser configurados como pontos de acesso. Isto pode ser feito utilizando as definições do dispositivo incorporadas, em que o dispositivo é configurado como um ponto de acesso Wi-Fi portátil. O SSID do hotspot (ponto de acesso) pode ser definido para qualquer nome preferido, enquanto outras propriedades do hotspot, como as opções de segurança, podem ser definidas opcionalmente. Os utilizadores podem ter privilégios de utilizador elevados que lhes permitem carregar software personalizado, aumentar o desempenho do dispositivo e outras actividades que podem alterar o software e as configurações do dispositivo. Nos smartphones com o sistema operativo Android, este processo é designado por "rooting". O enraizamento refere-se à obtenção de direitos e permissões de superutilizador no software de um smartphone Android (Enck e McDaniel, 2008). Este processo é semelhante ao do utilizador root nos sistemas baseados em Linux. As aplicações de rooting estão amplamente disponíveis na Internet, como por exemplo o ODIN (John, 2011). Uma vez enraizadas, as aplicações de deteção de pacotes podem ser instaladas no smartphone (Burns, 2009).

1.2 Declaração do problema

Como já foi referido, os smartphones podem ser configurados como pontos de acesso. Estes, combinados com aplicações de sniffing de pacotes, representam uma ameaça no ambiente sem fios. Um intruso pode tirar partido destas configurações e instalar um Smartphone Rogue Access Point (SRAP) numa rede. Este indivíduo mal-intencionado pode visitar uma organização, sentar-se na receção, fingindo estar à espera de alguém e parecendo estar a brincar com o seu smartphone, enquanto está sempre a capturar pacotes de funcionários desprevenidos. O intruso pode então extrair o identificador do conjunto de serviços (SSID) do ponto de acesso da organização e depois instalar o seu SRAP com o mesmo SSID. Os funcionários desavisados ligar-se-ão então à rede utilizando o SRAP.

1.3 Solução proposta

Esta investigação propõe uma solução para a defesa contra pontos de acesso desonestos de smartphones numa rede 802.11. Esta solução define o modo como um dispositivo que se liga a um ponto de acesso pode detetar a legitimidade desse ponto de acesso. É importante implementar a deteção de pontos de acesso não autorizados como parte da política de segurança de uma organização, para que os clientes possam identificar pontos de acesso ilegítimos antes de se ligarem a eles.

A solução proposta procura utilizar o conjunto de parâmetros de sequência direta (DS) do quadro de balizas de um ponto de acesso e colocar um valor alfanumérico nos bits não utilizados do seu campo LENGTH, que será utilizado para autenticar os pontos de acesso. O ponto de acesso difunde e envia então esta estrutura de sinalização especial e todos os clientes da rede procuram esta sinalização especial e associam-se apenas a ela. A segurança das redes sem fios através da utilização da estrutura de balizas é mais poderosa do que outros métodos já disponíveis.

1.3.1 Objetivo

Implementar a manipulação de quadros de beacon para atenuar os pontos de acesso desonestos de smartphones.

1.3.2 Objectivos

- Para reestruturar a estrutura de balizas.
- Para distinguir entre pontos de acesso legítimos e não legítimos.
- Para identificar as estações pelos respectivos endereços MAC (Media Access Control).
- Para evitar que as estações se associem a pontos de acesso não autorizados.

1.4 Âmbito de aplicação

Embora o principal objetivo da dissertação seja impedir a ligação a pontos de acesso não autorizados para smartphones, a solução também funciona para qualquer outra forma de pontos de acesso não autorizados. A solução apenas permite aos clientes aceder à Internet. Não funciona em redes que utilizam servidores RADIUS (Remote Authentication Dial-In User Service), uma vez que a implementação do RADIUS foi omitida. O RADIUS permite que os servidores remotos comuniquem com um servidor central para validar e autenticar os utilizadores com acesso telefónico para acederem a uma aplicação ou serviço solicitado (Thomas e van Oosten, 2007). Permite a manutenção central de perfis de utilizador que todos os servidores remotos podem partilhar. Isto proporciona uma melhor segurança que pode ser gerida num único ponto de rede.

1.5 Resultados esperados

A solução proposta reestrutura o quadro de sinalização do dispositivo transmissor para incluir um valor de ponto de acesso autêntico (AAPV). Um smartphone Android é utilizado para implantar um RAP com o mesmo SSID que o dispositivo transmissor. Os clientes sem fios pretendidos executam uma aplicação que valida o valor AAPV da fonte antes da ligação. Se o beacon recebido tiver o AAPV, é validado e é estabelecida uma ligação; caso contrário, a ligação não é bem sucedida. Esta solução permite a deteção de SRAPs e de outros RAPs, evitando assim que os utilizadores sem fios sejam vítimas das ameaças associadas aos RAPs.

1.6 Síntese do relatório

O presente documento de dissertação é apresentado pela seguinte ordem:

- **Capítulo 1 - Introdução**

° Este é o primeiro capítulo que introduz a dissertação e os seus conceitos e expectativas.

- **Capítulo 2 - Revisão da literatura**

  Este capítulo cita e revê trabalhos anteriores semelhantes efectuados por outros investigadores. Também esclarece sobre outras alternativas de resolução do problema em causa.

- **Capítulo 3 - Metodologia**

  ° São explicadas as metodologias de investigação e de conceção de software que foram utilizadas para chegar à solução e o capítulo mostra também exatamente como foram aplicadas as metodologias escolhidas.

- **Capítulo 4 - Análise e conceção de sistemas**

  Este capítulo apresenta uma análise do sistema, respondendo a questões como "o que está a ser feito?", "como está a ser feito?", "quem faz o quê, quando?" e "como melhorar o que já existe?". Depois de respondidas estas perguntas, é apresentada uma conceção pormenorizada da forma como o sistema vai ser realizado, sob a forma de uma técnica de conceção selecionada.

- **Capítulo 5 - Aplicação**

  A implementação do sistema implica converter o projeto num sistema e submeter esse sistema a vários testes antes de ser implementado.

- **Capítulo 6 - Conclusão**

  ° Conclui o trabalho efectuado, apresentando uma análise dos resultados. Aqui podem ser feitas recomendações para melhorar a solução.

1.7 Conclusão

Na verdade, não existe uma forma eficaz de reduzir a probabilidade de surgirem pontos de acesso não autorizados numa rede. No entanto, é importante e uma boa prática detetar pontos de acesso não autorizados numa rede, mas a tarefa é muito difícil, pois pode ser difícil descobrir quais dos pontos de acesso detectados são efetivamente não autorizados (Wexler, 2004). A deteção de pontos de acesso não autorizados deve ser implementada como parte da política de segurança de uma organização. Quando se trata de segurança sem fios eficiente, a aplicação de políticas é tão importante como a aplicação de proteção física (Spam Laws, n.d).

CAPÍTULO 2 - REVISÃO DA LITERATURA

2.0 Introdução

Existem várias formas que podem ser utilizadas para detetar e eliminar pontos de acesso não autorizados numa rede. Para tal, é necessário um conhecimento profundo das tecnologias sem fios, incluindo normas sem fios, estruturas sem fios e muitos outros conceitos. Os pontos de acesso não autorizados podem ser detectados e eliminados utilizando soluções comerciais ou abordagens inovadoras inventadas por investigadores. As soluções comerciais nem sempre funcionam, pois os hackers encontram sempre uma forma de as contornar. Este capítulo começa por apresentar as normas sem fios e, em seguida, esclarece a segurança sem fios. Explica ainda os pontos de acesso não autorizados e a tecnologia sem fios em geral.

2.1 Normas IEEE 802.11

O Instituto de Engenheiros Eléctricos e Electrónicos (IEEE) é um dos organismos de normalização mais influentes no mundo das tecnologias da informação. Criou muitas normas amplamente adoptadas, como o controlo de acesso à rede baseado em portas (IEEE 802.1x), Ethernet (IEEE 802.3), Firewire (IEEE 1394) e LAN sem fios (IEEE802.11). A norma 802.11 foi a primeira norma WLAN criada pelo IEEE em 1997. A norma recebeu o nome do grupo formado para administrar o seu desenvolvimento. Infelizmente, a norma 802.11 apenas suportava uma largura de banda máxima de rede de 2 Mbps, o que era demasiado lento para a maioria das aplicações, razão pela qual o equipamento sem fios 802.11 simples já não é fabricado (Mitchel, n.d.). A norma 802.11 e a sua variante, a norma LAN sem fios, são agora a base utilizada por praticamente todos os fornecedores e produtos de LAN sem fios do mundo (CCNA, n.d). As normas IEEE definem a camada física e a subcamada de controlo de acesso aos meios (MAC) da camada de ligação de dados do modelo Open Systems Interconnection (National Instruments Corporation, 2008). Existem diferentes formas da norma IEEE 802.11 e Nobel et.al enumeraram-nas e descreveram-nas como se mostra no Anexo 1.

Existem indústrias que oferecem testes de interoperabilidade e certificações para garantir a implementação correta das normas e protocolos definidos pelos organismos de normalização.

2.2 Segurança sem fios

Tal como no ambiente com fios, a segurança da rede numa rede sem fios também é fundamental (Stallings, 2006). Existem quatro áreas críticas de segurança, nomeadamente a confidencialidade (ocultação de dados), a integridade (resistência à alteração), a disponibilidade (acessível quando necessário) e a autenticidade (verificação do remetente), geralmente abreviadas como CIAA (Clemmer, 2010). As redes sem fios são vulneráveis às mesmas ameaças que as redes com fios. No entanto, a utilização de pontos de acesso nas redes sem fios apresenta outros pontos de vulnerabilidade. Existem várias ameaças conhecidas às redes sem fios que podem ser transformadas em ataques e, de acordo com William Stallings (2006), estes ataques reflectem as vulnerabilidades dos pontos de acesso. Estas vulnerabilidades incluem a deteção do identificador do conjunto de serviços (SSID), ataques de recuperação de chaves de encriptação Wired Equivalency Protocol (WEP), envenenamento do protocolo de resolução de endereços (ARP) ("man-in-the-middle attacks") e ataques de pontos de acesso desonestos (RAP) (personificação de AP), entre outros. A Figura 2.1 apresenta os incidentes de ataques num ambiente sem fios a partir de 2012.

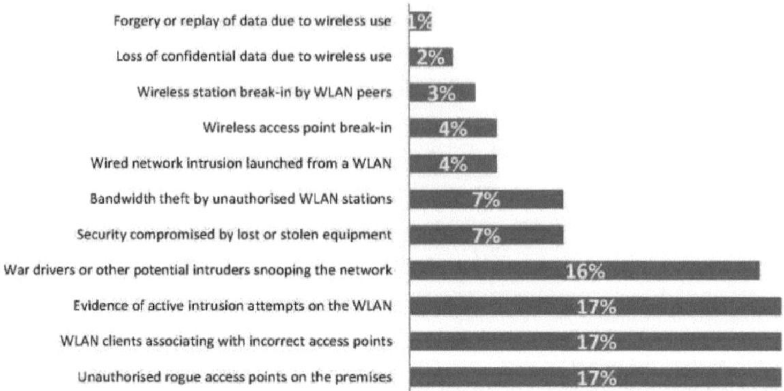

Figura 2.1: *Incidentes de segurança em redes sem fios (INTMedia Research)*

2.3 Pontos de acesso não autorizados

De acordo com a Figura 2.1, os pontos de acesso desonestos representam 17% dos incidentes de segurança registados nas redes sem fios. Um ponto de acesso não autorizado (RAP) é um ponto de acesso que existe e está ligado a uma rede, mas não autorizado a funcionar (Vanderauwera, J. et al, 2009). Um ponto de acesso não autorizado não está em conformidade com as políticas de segurança WLAN de uma organização e abre uma interface insegura para a rede da organização a partir do exterior. O ponto de acesso não autorizado permite que praticamente qualquer pessoa com um dispositivo sem fios aceda à rede, o que coloca essa pessoa muito perto de recursos críticos (Geier, 2006).

Os RAP podem ser apresentados em várias permutações e combinações dos seguintes elementos (Gopinath, 2009):

- Pontos de acesso de ligação em ponte (em sub-redes coincidentes ou diferentes do endereço da interface com fios)
- Router (NAT) Pontos de acesso (com ou sem clonagem de MAC)

- Pontos de acesso com ligações sem fios encriptadas e pontos de acesso com ligações sem fios abertas
- Pontos de acesso suaves
- Pontos de acesso em diferentes redes locais virtuais (VLANs) na LAN, incluindo sub-redes sem WiFi
- Smartphones configurados

Os RAPs representam uma ameaça para qualquer rede empresarial porque podem causar o desvio de parte da rede local (LAN) da empresa. Isto pode acontecer porque um RAP fornece acesso à rede com fios a partir de instalações exteriores. Segue-se uma lista de ataques que podem ocorrer especificamente devido a um RAP (Gopinath e Chaskar, 2009).

- Fuga de dados - A fuga de dados pode expor informações sobre os utilizadores da rede e todas as suas comunicações.
- Análises de rede e impressões digitais de dispositivos - Depois de obtidos os nomes dos anfitriões e os endereços IP, um adversário pode utilizar as ferramentas freeware disponíveis na Internet para analisar a rede e elaborar uma lista de potenciais anfitriões-alvo a atacar. Cada um dos anfitriões escolhidos pode ser "identificado" com ferramentas como o Nessus para obter detalhes adicionais, como vulnerabilidades do sistema operativo, configurações incorrectas, serviços abertos, etc.
- Acesso a dados empresariais - Utilizando informações obtidas a partir de fugas de dados, um adversário pode já ter os dados que procura. Caso contrário, pode enviar ataques direcionados à lista de anfitriões potencialmente expostos para obter acesso direto aos dados. Esta é a lista que foi criada na fase de análise da rede e de recolha de impressões digitais dos

dispositivos. Exemplos de tais ataques incluem adivinhar palavras-passe, lançar ataques de dicionário remotos e obter acesso remoto à shell.

- Acesso gratuito à Internet - Um RAP pode fornecer acesso gratuito à Internet a qualquer pessoa nas imediações das instalações da organização, a expensas desta.
- Ataque de negação de serviço (DoS) - Um RAP pode ser utilizado para derrubar a rede da organização através do lançamento de um ataque DoS.

2.3.1 Implantação de pontos de acesso não autorizados

A Figura 2.2 ilustra uma rede sem fios com três APs legítimos e um RAP na forma de um smartphone. Os APs legítimos estão ligados entre si através de um router e permitem que os clientes sem fios acedam aos recursos da rede. O smartphone Android enraizado está configurado com o mesmo SSID que um dos APs legítimos e também fornece acesso à Internet para os clientes da rede sem fios. Devido aos SSIDs correspondentes, os utilizadores são induzidos a ligar-se ao RAP. O sinal do RAP pode parecer mais forte porque o telemóvel utilizado para o ataque pode ser colocado mais perto da(s) vítima(s).

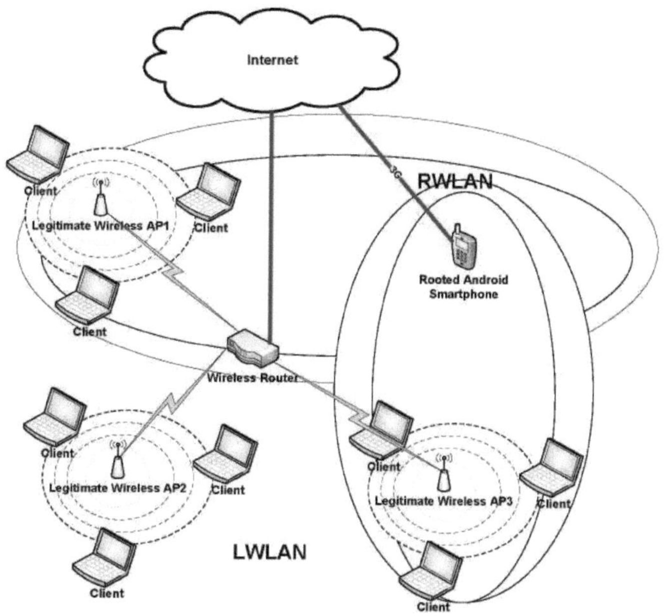

Figura 2.2: Possível implantação do RAP

Chave:

LWLAN - LAN sem fios legítima (SSID = LAN1)

RWLAN - Rede local sem fios desactivada (SSID = LAN1)

2.4 Quadros sem fios

Uma unidade de dados de protocolo na camada de ligação de dados (Gast, 2002) do modelo de referência OSI ou do conjunto TCP/IP é designada por frame. Cada tipo de meio de transmissão tem o seu próprio tipo específico de frame. A Figura 2.3 ilustra a estrutura de um quadro sem fios 802.11.

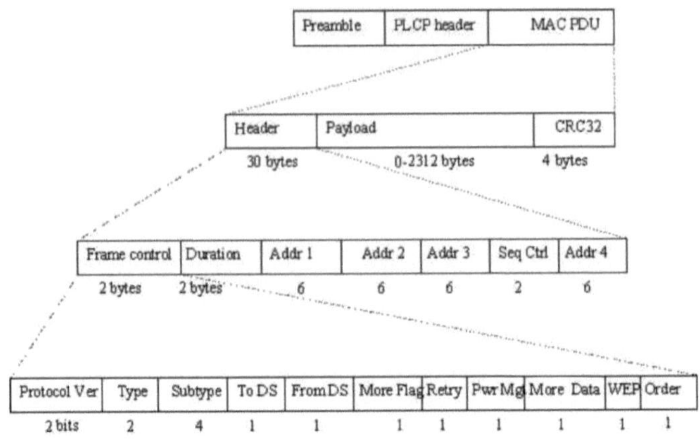

***Figura 2.3**: Quadro MAC de WLAN (CCNA Wireless Study Guide)*

2.4.1 Tipos de fotogramas sem fios

T norma IEEE 802.11 define três tipos principais de quadros, nomeadamente: quadros de gestão, de controlo e de dados (CCNA Wireless Study Guide, n.d.).

2.4.1.1 Tipos de quadros de controlo e de dados

Os quadros de controlo permitem a entrega de dados entre estações. São utilizados em conjunto com os quadros de dados para efetuar operações de limpeza de área, aquisição de canais, funções de manutenção de deteção de portadora e confirmação positiva de dados recebidos, enquanto os quadros de dados são utilizados para transmitir dados de estação para estação.

2.4.1.2 Tipo de quadro de gestão

As estruturas de gestão desempenham funções de supervisão. Permitem que as estações estabeleçam e mantenham comunicações, liguem-se e desliguem-se de redes sem fios e movam associações de ponto de acesso para ponto de acesso. Existem quatro tipos de quadros de gestão, ou seja, quadros de beacon, de sonda, de associação e de autenticação.

2.4.2 Estrutura do quadro de balizas

Um beacon frame é um tipo de frame de gestão utilizado por um ponto de acesso para anunciar a sua presença (The Mathworks Inc, n.d). Contém todas as informações sobre a rede e é construído na subcamada Media Access Control (MAC) da camada Open System Interconnection (OSI). É também utilizado para identificar o nome do ponto de acesso e outras caraterísticas. O ponto de acesso de um conjunto de serviços transmite periodicamente a estrutura de balizas para estabelecer e manter a rede (The Mathworks Inc, n.d.). A Figura 2.4 mostra a estrutura geral de um quadro sem fios. Os campos Controlo de quadro, Duração, Endereço de destino, Endereço de origem, Identificador do conjunto de serviços básicos e Controlo sequencial constituem o cabeçalho do quadro. Todos os quadros, incluindo o quadro de sinalização, têm um cabeçalho de quadro, um corpo de quadro e a soma de verificação de frequência (Geier, J. n.d). Os componentes do corpo do quadro diferem consoante o tipo e a função do quadro.

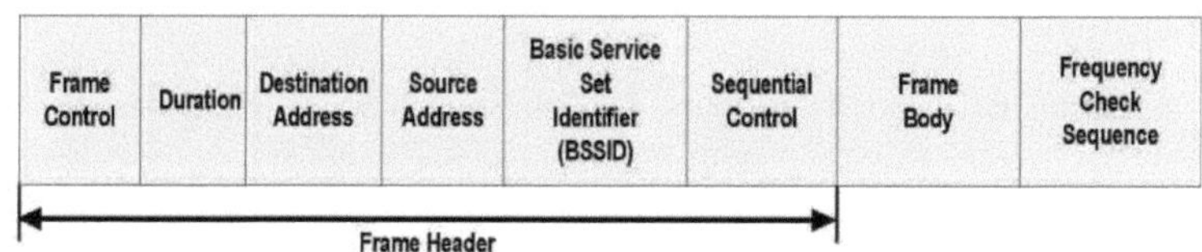

Figura 2.4: *Estrutura do quadro de balizas*

Um quadro típico de beacon tem cerca de cinquenta (50) bytes de comprimento. O cabeçalho do quadro comum e os campos de verificação de redundância cíclica (CRC) ocupam normalmente vinte e cinco (25) bytes do quadro. Tal como outros quadros da camada 2 da Open System Interconnection (OSI), o cabeçalho inclui os endereços MAC de origem e de destino, bem como outras informações relativas ao processo de comunicação (Geier, J. n.d). O endereço MAC de destino é sempre definido como "all ones", que é o endereço MAC de difusão. Isso força todas as outras estações nesse canal a receber e processar cada quadro de beacon. O campo CRC no beacon fornece a funcionalidade de deteção de erros. Os elementos de informação do conjunto de parâmetros são partes do corpo da estrutura de balizas que incluem informações sobre métodos de sinalização específicos e a definição de valores nestes elementos é opcional.

O corpo do quadro de beacon é constituído por duas secções: campos obrigatórios e campos opcionais. Os campos obrigatórios incluem o campo de carimbo de data/hora, que indica quando o sinalizador foi transmitido, o campo de intervalo de sinalização, que trata do momento em que os sinalizadores são enviados uns em relação aos outros, o campo de informações de capacidade e o campo SSID, que tem um tamanho variável. A Figura 2.5 ilustra os campos obrigatórios da estrutura de beacon. Estes campos estão sempre presentes em cada estrutura de sinalização.

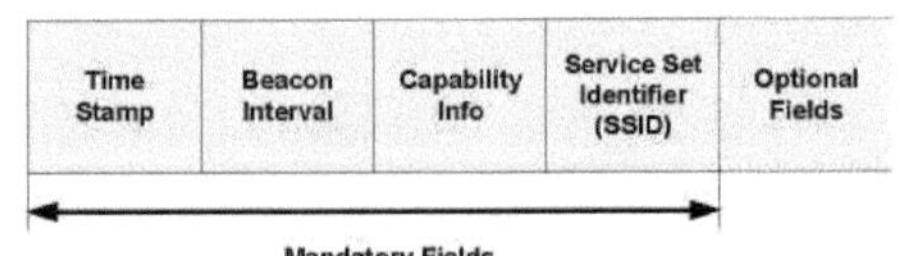

***Figura 2.5**: Campos obrigatórios da estrutura de balizas*

Os campos opcionais do corpo da estrutura das balizas incluem os elementos de informação, nomeadamente o conjunto de parâmetros FH (Frequency Hopping spread spectrum), o conjunto de parâmetros DS (Diret Sequence spread spectrum), o conjunto de parâmetros CF (Contention-Free), o conjunto de parâmetros IBSS (Independent Basic Service Set) e o campo TIM (Traffic Indication Map). Estes elementos são ilustrados na figura 2.6. Cada elemento de informação (IE) é composto por três campos: o campo ID do elemento (eid), o campo Comprimento e o campo Informação. A cada IE é atribuído um ID único que cabe em 1 octeto. O ID do elemento identifica de forma única um elemento de informação (Gupta e Rohil, 2012). O campo Comprimento especifica o comprimento do campo de informação específico do elemento e o campo Informação contém informações específicas para cada elemento.

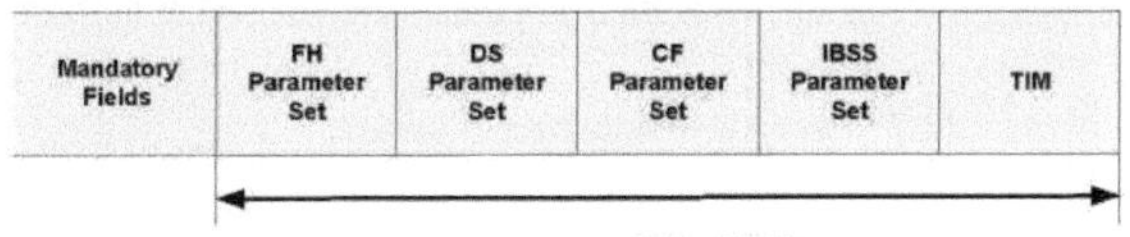

Figura 2.6: *Campos facultativos da estrutura de balizas*

2.4.3 Elementos de informação da estrutura de balizas

Cada elemento de informação (IE) é composto por três campos: o campo ID do elemento, o campo Comprimento e o campo Informação. A cada IE é atribuído um ID único que cabe num octeto. Assim, é possível um máximo de 255 IDs de elementos diferentes. Destes, a norma 802.11 reservou os IDs não especificados. O campo Comprimento especifica o comprimento do campo Informação específica do elemento. A figura 2.7 mostra o formato geral dos elementos de informação.

Figura 2. *7: Formato geral do quadro de um elemento de informação*

Existem 22 elementos de informação que podem ser incorporados na estrutura do sinalizador (Gupta e Rohil, 2012).

O quadro 1 mostra os elementos de informação que podem ser incluídos numa estrutura de baliza.

Element ID	Name
0	Service Set Identity (SSID)
1	Supported Rates
2	FH Parameter Set
3	DS Parameter Set
4	CF Parameter Set
5	Traffic Indication Map (TIM)
6	IBSS Parameter Set
7-15	Reserved; unused
16	Challenge text
17-31	Reserved for challenge text extension
32-255	Reserved; unused

Quadro 1: Elementos de informação

2.4.4 O conjunto de parâmetros DS

O elemento DS Parameter Set contém informações que permitem a identificação do número de canal das estações. O campo Information contém um único parâmetro que contém o canal atual. O comprimento do canal é de um octeto. As redes 802.11 de sequência direta têm apenas um parâmetro: o número do canal utilizado pela rede. As redes de sistemas de distribuição de alta taxa usam os mesmos canais e, portanto, podem usar o mesmo conjunto de parâmetros (Gast, 2002). O número do canal é codificado como um único byte, como mostra a Figura 2.8.

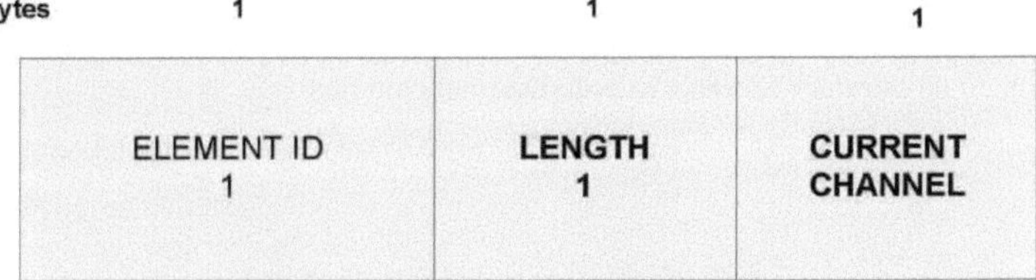

Figura 2.8: Conjunto de parâmetros DS

O conjunto de parâmetros DS só é necessário para transmissões DSSS (Diret Sequence Spread Spread Spectrum), de modo a que as transmissões de canais adjacentes possam ser filtradas. Não é necessário para transmissões OFDM. Os conjuntos de parâmetros FH e DS são mutuamente exclusivos.

2.5 Manipulação de quadros de balizas

A manipulação de quadros de beacon é um processo de edição de quadros de beacon enviados por um ponto de acesso para atender a uma necessidade específica. Este conceito resulta em beacons únicos que podem ser utilizados em redes sem fios privadas. Os beacons únicos podem ser utilizados para aumentar a segurança das redes sem fios, entre outras utilizações. A manipulação de quadros de beacon pode ser feita de muitas maneiras diferentes. É importante garantir que, durante o processo, a norma da estrutura de beacon seja mantida (Gupta e Rohil, 2012). Isto evita que os controladores WLAN rejeitem a estrutura manipulada durante os processos de transmissão/receção.

2.6 Estrutura e funcionalidade de um ponto de acesso

Um ponto de acesso 802.11 Wireless Fidelity (Wi-Fi) proporciona uma ligação entre o percurso de dados eléctricos formado por um cabo Ethernet e o percurso de dados de sinais de radiofrequência (RF) formado pelos rádios Wi-Fi. Os pontos de acesso fornecem uma série de caraterísticas e capacidades adicionais relacionadas com a gestão do acesso, a encriptação do tráfego de rede, a tolerância a falhas e a gestão da rede. Um ponto de acesso é uma ponte de tradução que converte os pacotes de dados TCP/IP do seu formato de encapsulamento de estrutura de tecnologia sem fios no ar para o formato de estrutura Ethernet na rede Ethernet com fios.

2.7 Como os clientes se conectam a um ponto de acesso

De acordo com a especificação 802.11, o processo de ligação de rede entre um cliente e um ponto de acesso segue os seguintes passos. O ponto de acesso envia continuamente quadros de sinalização que são captados pelos clientes WLAN próximos. O cliente também pode transmitir o seu próprio quadro de pedido de sondagem em todos os canais. Os pontos de acesso dentro do alcance do cliente respondem com uma estrutura probe-response e o cliente seleciona o melhor ponto de acesso (AP) para ligação e envia um pedido de autenticação a esse AP. O ponto de acesso enviará uma resposta de autenticação e, após uma autenticação bem sucedida, o cliente enviará um pedido de associação ao ponto de acesso, ao qual o ponto de acesso responderá com uma resposta de associação. O cliente foi autenticado e pode agora passar o tráfego para o ponto de acesso. (Parthip, 2012). A Figura 2.9 mostra como um cliente se liga a um ponto de acesso.

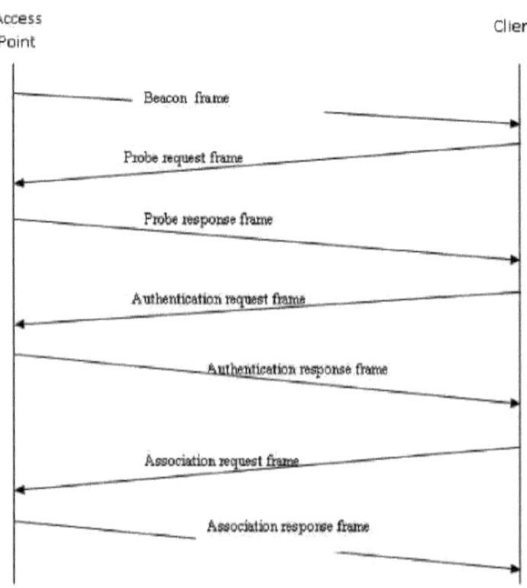

Figura 2.9 : *Etapas da ligação cliente-AP*

2.8 Estudos relacionados

2.8.1 Deteção de RAP através da análise do tráfego de rede

No seu artigo intitulado "Rogue Access Point Detection by Analysing Network Traffic Characteristics", Shetty et al propuseram uma abordagem de deteção de RAP baseada na análise do tráfego na extremidade de uma rede, nomeadamente numa rede constituída por dispositivos com e sem fios. A solução começa por determinar a origem dos pacotes. Para os pacotes provenientes de uma ligação sem fios, a solução verifica se o anfitrião (originador dos pacotes) está autorizado a utilizar a rede sem fios. Isto é importante porque as fontes de acesso sem fios podem ser RAPs. Esta determinação é feita com base na frequência de acesso a uma determinada porta e no aumento da comunicação entre portas. Se um anfitrião mostrar um aumento notável nas duas categorias estatísticas acima, isso significa que o anfitrião está efetivamente ligado a um RAP. A solução não efectua uma análise mais aprofundada dos pacotes provenientes de fontes com fios.

A ideia principal da implementação desta abordagem é ajudar a distinguir entre anfitriões WLAN autorizados e anfitriões WLAN não autorizados ligados a pontos de acesso não autorizados. Isto é feito através da análise das caraterísticas do tráfego de rede na extremidade de uma rede. A simulação é utilizada para testar e os resultados do teste verificam a eficácia da abordagem na deteção de pontos de acesso não autorizados numa rede heterogénea composta por sub-redes com e sem fios.

Nesta abordagem, os RAP são detectados distinguindo o tráfego gerado por anfitriões WLAN autorizados do tráfego de anfitriões WLAN não autorizados. O rastreio de portas é efectuado em anfitriões WLAN não autorizados. Quando um utilizador malicioso obtém acesso a um anfitrião WLAN não autorizado ligado a um RAP, começa por efetuar uma operação de exploração de portas para encontrar anfitriões finais com vulnerabilidades. Por exemplo, um atacante pode estar interessado em identificar anfitriões activos na rede, bem como os serviços de rede que são executados nesses anfitriões. Em princípio, um atacante está ligado a um RAP se a frequência de acesso direto e de acesso cruzado exceder um limiar nominal. Assim, o tráfego inicial proveniente dos anfitriões WLAN não autorizados consiste em pacotes frequentes de pedidos de clientes da camada de aplicação a um determinado servidor. Este pedido de cliente da camada de aplicação traduz-se num grande volume de tráfego numa porta específica do limiar; o analisador de tráfego de rede detectará que o anfitrião WLAN não autorizado está ligado a um RAP devido ao aumento das tentativas de acesso direto. Na sua busca de portas vulneráveis, o tráfego gerado por anfitriões WLAN não autorizados pode também provocar um aumento do acesso cruzado no encaminhador de gateway. Como os utilizadores não autorizados estão interessados em obter acesso a qualquer anfitrião vulnerável, os pacotes de pedidos são enviados para máquinas anfitriãs finais aleatórias, aumentando assim o acesso cruzado. Se a frequência do acesso cruzado exceder um limiar, o analisador de tráfego da rede detecta o anfitrião WLAN não autorizado como tendo ligado um RAP. No fundo, com esta solução, os RAP são detectados a partir das anomalias de tentativas frequentes de ligação, marcadas por um aumento dos pacotes de pedidos.

2.8.2 Proteção RAP para redes Wi-Fi de produtos de base

Ma et al (2008) desenvolveram um novo quadro híbrido para a proteção das redes Wi-Fi contra os RAP. Este quadro foi concebido para monitorizar as actividades da rede, prevenir eventos que possam levar à geração de RAP, descobrir RAP existentes e bloquear o acesso não autorizado à rede através de RAP. Os RAP são automaticamente detectados e localizados através da combinação da vigilância distribuída de meios sem fios e de uma solução centralizada de "impressão digital" do tráfego ao nível da tomada final com fios. A estrutura inclui dois componentes principais: um módulo de deteção de distribuição (DDM) e um módulo de deteção centralizado (CDM). O primeiro pode ser ligado ou implementado em APs como pequenos plug-ins, enquanto o segundo está localizado no router de gateway de uma rede local. A estrutura funciona em conjunto com protocolos de segurança, como WEP e WPA, e não requer qualquer hardware sem fios especializado. Além disso, pode proteger a rede de atacantes que utilizam equipamento personalizado e/ou violam a norma IEEE802.11 e funciona de forma consistente em várias configurações de rede. Os dois principais componentes da estrutura estão resumidos na Tabela 1.

COMPONENT	
Distributed Detection Module	Wireless Frame Collector
	Preemption Engine
	Detection Engine
Centralised Detection Module	Scanning and Detection

Tabela 2: Resumo dos componentes do quadro (Ma et al, 2008)

O Módulo de Deteção Distribuída é constituído por um coletor de imagens sem fios passivo, um motor de preempção RAP e um motor de deteção RAP. O coletor de fotogramas é responsável pela recolha do tráfego sem fios. Os dados recolhidos são depois transmitidos ao motor de preempção, onde são efectuadas verificações para bloquear vários ataques. Finalmente, os dados são analisados pelo motor de deteção.

A estrutura híbrida de proteção de pontos de acesso desonestos para redes Wi-Fi de uso corrente tem as seguintes vantagens

- Correlaciona alertas de exames com fios e vigilância sem fios

- não requer hardware especializado ou modificação das normas de segurança existentes
- pode ser ligado ou implementado nos pontos de acesso como pequenos plug-ins
- utiliza software livremente disponível
- pode proteger as redes contra RAPs implantadas sob a forma de equipamento personalizado que viola a norma sem fios IEEE 802.11

2.8.3 Deteção de RAP utilizando o tempo de ida e volta do tráfego

Noutro documento, Watkins et al propõem a utilização do tempo de ida e volta (RTT) do tráfego da rede para distinguir entre nós com e sem fios. O RTT, associado a uma política normalizada de autorização de APs sem fios, permite a diferenciação entre nós com fios, APs autorizados e RAPs. A menor capacidade e a maior variabilidade numa rede sem fios podem ser utilizadas para distinguir eficazmente entre nós com e sem fios. Esta deteção não depende da tecnologia sem fios e é escalável. Não contém as ineficiências das soluções existentes, mantém-se válida à medida que a capacidade das ligações com e sem fios aumenta e é independente do alcance do sinal dos RAP.

A investigação mostra que, devido à menor capacidade da ligação sem fios, os nós sem fios têm um maior RTT associado aos seus pacotes. À medida que a capacidade das ligações sem fios aumenta, é provável que o RTT associado à ligação sem fios se aproxime do das actuais ligações com fios. No entanto, à medida que a capacidade da ligação sem fios aumenta, o mesmo acontece com a das ligações com fios, pelo que o esquema se mantém à medida que a velocidade das ligações aumenta (por exemplo, a ligação com fios testada era de 100 Mbps, podendo ter sido facilmente escolhido 1 Gbps). Além disso, a variação do RTT em resultado das retransmissões na camada de ligação, da contenção e de outros factores continuará a ser um fator distintivo. Esta informação, juntamente com uma lista de pontos de acesso autorizados (e as respectivas portas de comutação), permite a deteção de pontos de acesso não autorizados a um salto de distância do infrator. A investigação centrou-se apenas no tráfego TCP (que representa cerca de 75% do tráfego da Internet), mas a abordagem pode ser aplicada a qualquer protocolo que tenha feedback associado. Por exemplo, muitas aplicações que utilizam o Protocolo de Datagrama de Utilizador (UDP) utilizam confirmações na camada de aplicação.

2.9 Defesas comerciais contra pontos de acesso desonestos

O software e as soluções convencionais como firewalls, sistemas de deteção de intrusão (IDS), Wired Equivalency Protocol (WEP), Wi-Fi Protected Access (WPA) e software antivírus não são capazes de defender uma rede contra RAPs. Eles só podem defender contra outras ameaças à rede. No entanto, existem soluções comerciais que podem ser utilizadas para detetar pontos de acesso desonestos. Estas soluções têm a forma de programas que têm de ser instalados e são utilizados pelo administrador da rede. Alguns exemplos dessas tecnologias são os seguintes;

i. **Sistemas de prevenção de intrusões sem fios (WIPS)**

   Trata-se de sistemas baseados em sensores que estão permanentemente atentos aos RAP, efectuando correlações com e sem fios para testar a configuração da rede de pontos de acesso e detetar RAP. Um WIPS bloqueia automaticamente qualquer RAP detectado e localiza um RAP para facilitar a sua procura e remoção da rede monitorizada (Gopinath, 2009). Os WIPS fornecem cobertura de segurança à infraestrutura sem fios. Estes sistemas monitorizam e enviam resumos do tráfego sem fios para um servidor central para detetar anomalias como ataques, utilização não autorizada e violações de políticas (Kuan, 2011). Uma vez detectada qualquer uma das situações acima referidas, o sistema alerta imediatamente o administrador de sistemas que actua para eliminar o problema. As configurações WIPS são constituídas por três componentes: **sensores**, que possuem antenas e rádios que procuram pacotes na banda sem fios e estão instalados em todas as áreas a proteger, um **servidor** que analisa centralmente os pacotes capturados pelos sensores e uma **consola** que fornece a interface do utilizador no sistema para fins administrativos. Timofte (2008) afirma que, num sistema de prevenção de intrusões sem fios, um sensor normal não pode monitorizar todo o tráfego numa banda (que consiste em mais canais) simultaneamente e pode monitorizar apenas um único canal de cada vez; para cobrir vários canais, utiliza uma técnica designada por varrimento de canais, que envolve a monitorização de cada canal algumas vezes por segundo. Para reduzir ou evitar esta limitação, existem sensores especializados que utilizam vários módulos de rádio e podem monitorizar vários canais ao mesmo tempo. Os sistemas de prevenção de intrusões podem detetar incidentes utilizando principalmente três metodologias: análise baseada em assinaturas, análise baseada em anomalias e análise de protocolos com estado. A maioria dos sistemas utiliza mais do que uma metodologia de deteção num dado momento para uma deteção mais precisa. Exemplos de WIPS incluem Motorola AirDefense, AirMagnet, AirTight, Aruba, Cisco WLC e Belkin/Trapeze.

O WIPS bloqueia o RAP de duas formas (Gopinath e Chaskar):

a. **Quarentena pelo ar** - O WIPS bloqueia a ligação de um cliente desonesto através da transmissão de frames de desconexão falsificados. O quadro de desautenticação é utilizado para a desconexão. Este método funciona independentemente da correlação entre os endereços com e sem fios do RAP. Não é intrusivo na infraestrutura de rede e não tem problemas de interoperabilidade com diferentes fornecedores de comutadores. A desautenticação baseada na quarentena pelo ar não funcionará com

RAPs 802.11w. A Figura 2.10 mostra como o método funciona. O acesso externo é bloqueado pelo WIPS.

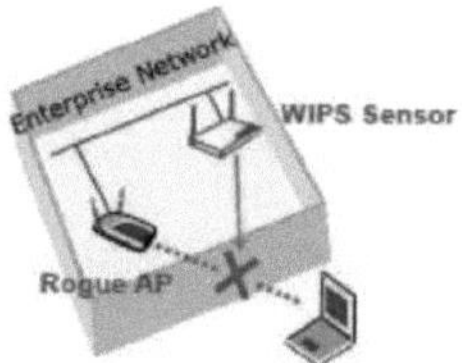

Figura 2.10: *Método de quarentena pelo ar (Gopinath, 2009)*

b. **Desativar porta de comutação** - O WIPS tenta localizar a porta de comutação à qual o RAP está conectado. Se for encontrada, ela é desativada usando o SNMP, conforme mostrado na Figura 2.11. O método de desativação da porta de comutação só funciona para os RAPs que têm correlação entre endereços com e sem fios. O método é altamente intrusivo. O WIPS precisa de saber as palavras-passe definidas nos comutadores. Se ocorrer um erro no rastreio da folha do comutador, todo o ramo da rede pode desligar-se. Este método sofre de problemas de interoperabilidade com os fornecedores de comutadores.

Figura 2.11: *Método de desativação da porta de comutação (Gopinath, 2009)*

ii. Ferramentas de deteção sem fios

O sniffing sem fios pode ser definido como a prática de espiar as comunicações numa rede sem fios utilizando ferramentas de software e/ou hardware especializadas. Nas redes informáticas, as informações são divididas em fotogramas, que por sua vez são divididos em pacotes de dados. O sniffing visa os frames, os pacotes ou ambos. As ferramentas de sniffing são mais intrusivas do que as WIPS porque as WIPS apenas procuram a presença de redes sem fios. As ferramentas de sniffing procuram todos os frames ou pacotes que passam por uma rede, independentemente do destinatário pretendido. O sniffing sem fios funciona em qualquer um dos dois modos, nomeadamente o modo monitor e o modo promíscuo. No modo de monitorização, um adaptador sem fios escuta as mensagens transmitidas por outros dispositivos sem fios sem que ele próprio transmita quaisquer mensagens. Um adaptador configurado neste modo é difícil de detetar. O WireShark é um exemplo de uma ferramenta de sniffing sem fios.

iii. Protocolo de Autenticação Extensível (EAP)

O Protocolo de Autenticação Extensível é um quadro de autenticação que suporta vários métodos de autenticação. Normalmente, é executado diretamente sobre camadas de ligação de dados, como o Protocolo Ponto-a-Ponto (PPP) ou o IEEE 802, sem necessitar do Protocolo Internet. Uma das vantagens da arquitetura EAP é a sua flexibilidade. O EAP é utilizado para selecionar um mecanismo de autenticação específico. Normalmente, isto é feito depois de o autenticador solicitar mais informações para determinar o método de autenticação específico a utilizar. O EAP permite a utilização de um servidor de autenticação (backend), que passa para alguns ou todos os métodos e pares, em vez de exigir que o dispositivo de autenticação seja atualizado para suportar cada novo método de autenticação. (Aboba, B. et al, 2004)

2.10 Conclusão

Depois de analisar várias maneiras possíveis de impedir que os RAPs ataquem uma rede, segue-se uma análise dos prováveis contratempos que podem tornar o trabalho revisto ineficiente. A deteção de RAPs usando análise de tráfego de rede provavelmente exigirá uma quantidade significativa de velocidade e potência de processamento. Além disso, baseia-se em anomalias, o que implica um elevado risco de vulnerabilidade no início do sistema, enquanto este aprende os padrões de anomalias. A partir da descrição da proteção contra RAP para redes Wi-Fi de base segundo Ma et al, a solução proposta implica um certo nível de complexidade devido aos diferentes componentes e aos protocolos que utiliza. A deteção de RAP utilizando o tempo de ida e volta do tráfego introduz factores temporais e a topologia física da rede é suscetível de introduzir outros problemas. A Beacon Frame Manipulation é simples e rápida e é capaz de proteger os clientes contra pontos de acesso móveis desonestos que podem ser implantados sob a forma de smartphones. Também é adequada para a deteção de RAPs genéricos.

CAPÍTULO 3 - METODOLOGIA

3.0 Introdução

A investigação que está a ser realizada tenta resolver o problema dos pontos de acesso desonestos, que são uma forma de pontos de acesso não autorizados encontrados numa rede sem fios. Esta secção da dissertação descreve a abordagem metodológica adoptada para resolver o problema acima referido e descreve os métodos utilizados para abordar o problema. Deve ser selecionada e aplicada ao problema uma metodologia de investigação específica.

3.1 Metodologias de investigação

3.1.1 Investigação-ação em informática

A investigação-ação em informática é o estudo do modo como a tecnologia informática é aplicada no mundo real para resolver problemas e do modo como as consequências dessa tecnologia permitem a ação ou novos conhecimentos (Kock, n.d.). Em termos mais gerais, a investigação-ação é um nome genérico utilizado para referir um conjunto de abordagens de investigação que partilham algumas caraterísticas comuns. Na investigação-ação, o investigador tenta prestar um serviço a um "cliente" da investigação, frequentemente uma entidade, e, ao mesmo tempo, contribuir para o acervo de conhecimentos num determinado domínio. Num domínio relacionado com a tecnologia, um estudo de investigação-ação pode envolver a introdução de uma nova tecnologia pelo investigador e, ao mesmo tempo, o estudo dos efeitos da tecnologia nessa entidade. É possível conceber uma tecnologia única, que só se tornará útil quando for utilizada na prática; por conseguinte, a investigação-ação tem tudo a ver com a prática. O que separa este tipo de investigação das práticas profissionais gerais, de consultoria ou de resolução de problemas quotidianos é a ênfase no estudo científico, em que o investigador estuda o problema sistematicamente e assegura que a solução é informada por considerações teóricas. Grande parte do tempo é gasto a aperfeiçoar os instrumentos metodológicos para se adequarem às exigências da situação e também na recolha, análise e apresentação de dados numa base contínua e cíclica (O'Brien, 2001).

A versão mais amplamente referenciada do ciclo de investigação-ação foi proposta por Gerald Susman e Roger Evered, em 1978, e é apresentada na Figura 3.1. Compreende cinco fases, nomeadamente o diagnóstico, o planeamento da ação, a realização da ação, a avaliação e a especificação da aprendizagem. A fase de diagnóstico, que é a primeira fase, envolve a identificação de uma oportunidade de melhoria ou de um problema geral a resolver na entidade cliente. A fase seguinte, que é o planeamento da ação, envolve a consideração de soluções alternativas para alcançar a melhoria ou resolver o problema identificado. Na fase de tomada de medidas, um dos cursos de ação considerados na fase anterior é selecionado e implementado. A fase de avaliação envolve o estudo dos resultados do curso de ação selecionado. E a fase de especificação da aprendizagem revê os resultados da fase de avaliação e constrói conhecimentos sob a forma de um modelo que descreve a situação em estudo. Em estudos com várias iterações do ciclo de Investigação-ação, esta fase de aprendizagem é seguida pela fase de diagnóstico de um ciclo subsequente, que pode ter lugar no mesmo contexto ou num contexto diferente.

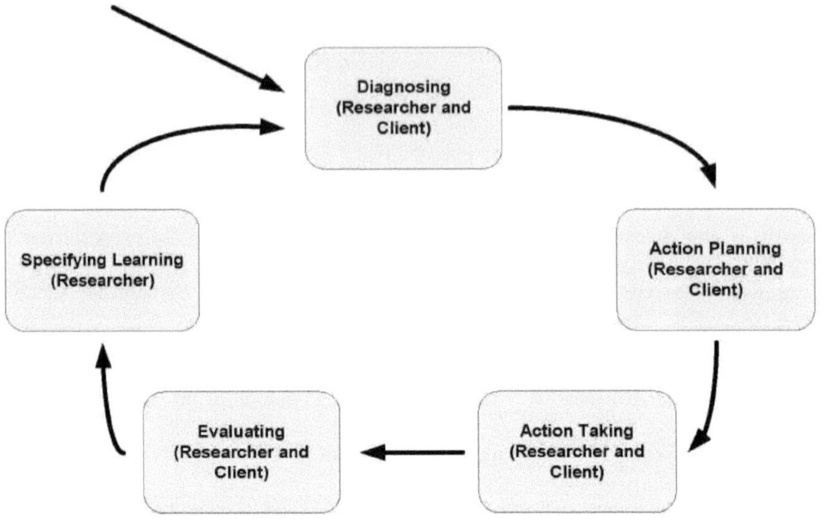

Figura 3.1: *Ciclo de investigação-ação de Susman e Evered (1978)*

A investigação-ação é utilizada em situações reais, e não em estudos artificiais e experimentais, uma vez que o seu principal objetivo é a resolução de problemas reais. Pode ser utilizada por cientistas sociais para investigação preliminar ou piloto. É sobretudo utilizada quando a situação é demasiado ambígua para se poder formular uma pergunta de investigação precisa. É geralmente escolhido quando as circunstâncias exigem flexibilidade, a participação das pessoas na investigação ou quando a mudança deve ocorrer de forma rápida ou completa.

Esta abordagem é utilizada por profissionais que desejam melhorar a compreensão da sua prática, por activistas de mudança social que tentam montar uma campanha de ação, ou por académicos que foram convidados para uma organização (ou outro domínio) por decisores conscientes de um problema que exige investigação-ação, mas que não possuem os conhecimentos metodológicos necessários para lidar com ele.

3.1.2. Conceção e criação Metodologia de investigação

A metodologia de investigação sobre conceção e criação, também designada por investigação sobre desenvolvimento e conceção (Vaishnavi e Kuechler, 2007), centra-se no desenvolvimento de artefactos de tecnologias da informação (TI). Os artefactos de TI são concebidos para desafiar ou alterar as percepções individuais das pessoas, para as tornar mais eficientes ou eficazes ou para explorar as capacidades funcionais das tecnologias digitais. Os diferentes artefactos enquadram-se nas seguintes categorias: construções, modelos, métodos, instanciações e/ou uma combinação destes.

A metodologia de conceção e criação divide-se em dois processos: o processo de conceção e o processo de desenvolvimento.

O processo de conceção consiste em aprender fazendo. É constituído pelas cinco fases seguintes:

i. Consciencialização

ii. Sugestão

iii. Desenvolvimento

iv. Avaliação

v. Conclusão

O processo de conceção e criação baseia-se na implementação iterativa das fases de análise, conceção, desenvolvimento, implementação e avaliação formativa. As principais evidências conduzem ao aperfeiçoamento de problemas, soluções e métodos de investigação durante um ciclo de conceção e criação. Isto implica a procura de soluções práticas e inovadoras para problemas realistas, desenvolvendo ao mesmo tempo princípios de conceção normalizados. Os artefactos e produtos inovadores das tecnologias da informação são criados e investigados para determinar como e porque funcionam (de Villiers, 2005). Outras situações são tão novas que não têm precedentes e os designers têm de confiar na intuição, na experiência informal e na tentativa e erro.

De acordo com de Villiers (2005), a investigação sobre o desenvolvimento é orientada para os problemas. Procura soluções novas e inovadoras, ao mesmo tempo que procura resultados que sejam transferíveis, realistas e não socialmente irresponsáveis. Por exemplo, podem ser utilizados métodos de prototipagem evolutiva para atingir os dois objectivos, ou seja, o desenvolvimento de soluções práticas e a criação de princípios de conceção generalizáveis. Na investigação sobre conceção e criação, a relação complexa e dinâmica entre conhecimentos teóricos e práticos é reconhecida através da criação de princípios e métodos de conceção testados empiricamente.

3.1.3. Metodologia de investigação-ação versus conceção e criação Metodologia

A Investigação-Ação (AR) e a Metodologia de Conceção e Criação, também designada Investigação Científica de Conceção (DSR), partilham muitas caraterísticas. Embora sejam aparentemente semelhantes ar, são fenómenos bastante diferentes. A investigação-ação visa contribuir tanto para as preocupações práticas das pessoas numa situação problemática imediata como para os objectivos da ciência social através da colaboração conjunta num quadro ético mutuamente aceitável (Rapoport, 1970). De acordo com esta definição, a RA tem dois objectivos: contribuir para a prática e para a investigação ao mesmo tempo. A definição também pressupõe a existência de um cliente concreto envolvido. Consequentemente, a RA é altamente dependente do contexto, ao tentar responder às preocupações específicas do cliente.

A Investigação de Conceção pode ser definida como um conjunto de técnicas e perspectivas analíticas para a realização de investigação de sistemas de informação. Envolve a análise da utilização e do desempenho de artefactos concebidos para compreender, explicar e melhorar o comportamento de aspectos dos sistemas de informação (Hevner et al., 2004). Quando comparada com a RA, a diferença reside no facto de a DSR não pressupor um cliente específico nem uma colaboração conjunta entre os investigadores e o cliente. No entanto, é de notar que, em média, o artefacto desenvolvido visa abordar uma classe de problemas (Walls et al. 1992) de forma a ser útil na resolução de problemas específicos de um cliente específico.

3.2 Metodologias de desenvolvimento de software

O desenvolvimento de software é a prática de utilizar técnicas de processo selecionadas para melhorar a qualidade de um esforço de desenvolvimento de software. Baseia-se no pressuposto de que uma abordagem metódica ao desenvolvimento de software resulta em menos defeitos e, por conseguinte, acaba por proporcionar prazos de entrega mais curtos e um melhor valor. O conjunto documentado de políticas, processos e procedimentos utilizados por uma equipa ou organização de desenvolvimento para praticar a engenharia de software é designado por metodologia de desenvolvimento de software (SDM) ou ciclo de vida de desenvolvimento de sistemas (SDLC).

São utilizados diferentes tipos de metodologias no desenvolvimento de software. É necessário selecionar uma metodologia adequada para cada projeto com base nas suas caraterísticas e nas vantagens da metodologia escolhida. O principal desafio na seleção e utilização de uma metodologia reside na qualidade do software necessário, no tempo necessário para o utilizar e nos recursos disponíveis para o projeto em questão. Uma boa metodologia ajuda a fornecer software de qualidade, a tempo e dentro dos custos, e evita etapas que demoram tempo.

3.2.1 Desenvolvimento rápido de aplicações (RAD)

A metodologia de desenvolvimento rápido de aplicações (RAD) foi desenvolvida para responder à necessidade de fornecer sistemas muito rapidamente (Sommerville, 1996). A abordagem RAD não é adequada a todos os projectos. A abordagem RAD tem dois pontos principais: o âmbito do projeto (está claramente definido) e a dimensão do projeto (quantidade de dados a processar). O RAD utiliza um conjunto de técnicas de gestão que incluem a prototipagem e a iteração, entre outras. A prototipagem é uma abordagem baseada na criação e demonstração de resultados o mais cedo possível e no aperfeiçoamento dos resultados. A iteração é um compromisso com o desenvolvimento incremental baseado no refinamento. A prototipagem e a iteração andam de mãos dadas. O desenvolvimento rápido de aplicações é composto pelas seguintes fases:

i. Planeamento de requisitos

ii. Conceção do utilizador

iii. Construção

iv. Implementação

3.2.2 Modelo em cascata

O modelo em cascata é uma abordagem ao desenvolvimento de software que enfatiza a conclusão de uma fase do desenvolvimento antes de avançar para a fase seguinte. Em conjunto com a conclusão de determinadas fases, é estabelecida uma linha de base que "congela" ou pára os produtos do desenvolvimento nesse ponto. Se for identificada a necessidade de alterar estes produtos, é seguido um processo formal de alteração para efetuar a alteração. A Figura 3.2 mostra o fluxo em cascata do modelo em cascata.

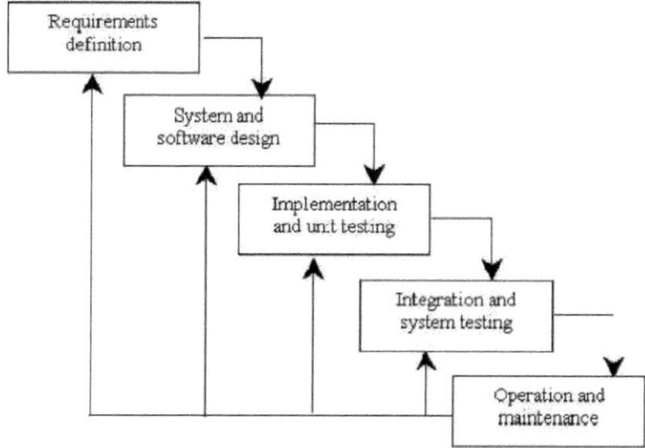

Figura 3.2 *Modelo em cascata*

Cada caixa no diagrama representa uma fase. O resultado de cada fase inclui documentação. A transição de uma fase é efectuada através da realização de uma revisão formal em que participam todos os intervenientes envolvidos e o empreiteiro. Estas revisões fornecem aos intervenientes informações sobre o progresso do empreiteiro. Nos pontos críticos do modelo em cascata, são estabelecidas linhas de base, a última das quais é a linha de base do produto. O modelo em cascata consiste em fases que são concluídas sequencialmente antes de se avançar para a fase seguinte. Alguns atributos do modelo em cascata são os seguintes:

- Um tipo de desenvolvimento do topo para a base.
- É composto por fases independentes que devem ser efectuadas sequencialmente.
- Um método formal
- Etapas combinadas.
- Pode ser utilizado de várias formas.

- Pode haver diferentes pontos de partida e de chegada.

A aplicação do modelo em cascata deve ser limitada a situações em que os requisitos são muito bem compreendidos.

3.2.3 Modelo em espiral

Embora a metodologia em cascata ofereça uma estrutura ordenada para o desenvolvimento de software, as exigências de redução do tempo de colocação no mercado tornam as suas etapas em série inadequadas. A próxima etapa evolutiva da cascata é aquela em que as várias etapas são escalonadas para várias entregas ou transferências. A evolução final da cascata é a espiral, tirando partido do facto de os projectos de desenvolvimento funcionarem melhor quando são incrementais e iterativos, em que a equipa é capaz de começar em pequena escala e beneficiar de tentativas e erros esclarecidos ao longo do caminho.

A metodologia em espiral reflecte a relação das tarefas com a prototipagem rápida, o aumento do paralelismo e a simultaneidade das actividades de conceção e construção. O método em espiral deve ainda ser planeado metodicamente, com tarefas e resultados identificados para cada etapa da espiral. (Boehm, 1988)

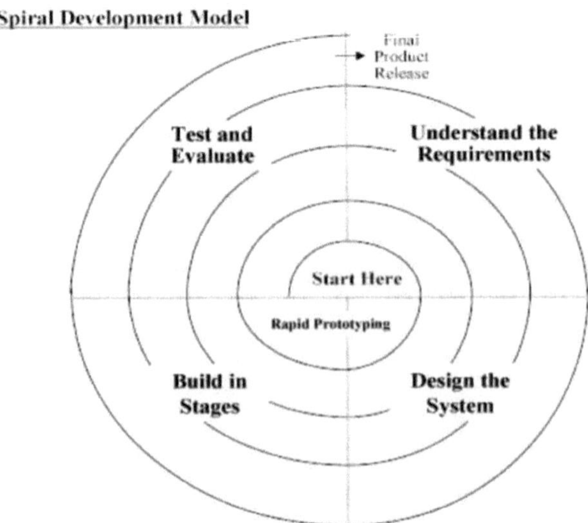

Figura 3.3: *Modelo em espiral*

O modelo é aplicável a muitas aplicações comerciais, especialmente aquelas para as quais o sucesso não é garantido ou as aplicações exigem muita computação, como nos sistemas de apoio à decisão.

3.3 Metodologias selecionadas

Depois de analisar e comparar cuidadosamente as metodologias de investigação disponíveis, a metodologia de conceção e criação foi selecionada como a metodologia a utilizar para resolver o problema. Esta metodologia foi escolhida porque é aplicável em situações que requerem contribuições práticas e de investigação. A metodologia de conceção e criação é orientada para o problema e reconhece as relações complexas e dinâmicas entre a teoria e a aplicação. Utiliza experiências de conceção para obter resultados práticos e teóricos e reconhece que o desenvolvimento de novas soluções TIC em qualquer domínio também pode ser considerado como uma atividade de investigação construtiva, por exemplo, criando novos algoritmos, princípios de conceção, modelos e produtos inovadores. A metodologia emprega etapas iterativas de análise, conceção, desenvolvimento, implementação e processos de avaliação formativa. Os designers e os profissionais clarificam os problemas e aperfeiçoam as soluções durante o processo de conceção e desenvolvimento de um artefacto de design. Esta foi selecionada como a abordagem adequada para o problema a resolver. A metodologia selecionada foi aplicada da seguinte forma:

Fase 1: Sensibilização

Um ponto de acesso não autorizado é um ponto de acesso que foi instalado numa rede segura da empresa sem planeamento explícito, permissão ou autorização do administrador da rede ou que foi instalado por um hacker para efetuar um ataque man-in-the-middle. Se o pirata informático conseguir encontrar o SSID (Service Set Identifier) utilizado pela rede e o ponto de acesso não autorizado tiver força suficiente, é fácil efetuar um ataque man-in-the-middle e os utilizadores sem fios não terão forma de saber que estão a ligar-se a um ponto de acesso não autorizado.

Os pontos de acesso não autorizados são normalmente instalados por funcionários que precisam de mais liberdade para se deslocarem no trabalho. Estes tipos de pontos de acesso desonestos podem ser muito perigosos, uma vez que a maioria dos utilizadores não tem conhecimento de todas as questões de segurança associadas aos dispositivos sem fios.

O modelo de segurança do Android permite que o utilizador tenha o controlo total do dispositivo Android. Isto permite que os utilizadores configurem e utilizem os seus smartphones Android como pontos de acesso. Com os smartphones configurados desta forma, os atacantes podem instalar pontos de acesso não autorizados nas redes e efetuar ataques man-in-the middle e outras formas de ataque através deles. Por conseguinte, é importante implementar a deteção de pontos de acesso não autorizados em smartphones para que os clientes possam identificar pontos de acesso ilegítimos antes de se ligarem a eles.

Fase 2: Sugestão

As soluções possíveis para o problema são as seguintes

1. Utilizar software convencional - Os piratas informáticos encontram sempre uma forma de impedir o funcionamento das soluções comerciais. Isto permite-lhes aceder a sistemas protegidos, pelo que esta sugestão não é recomendada.

2. Mudança de componentes de hardware - Esta pode ser uma alternativa dispendiosa, uma vez que o hardware selecionado pode também não desempenhar o papel pretendido.

3. Alterar o firmware de componentes de hardware comprados - Isto pode tornar o hardware inutilizável se não for feito corretamente. Também é provável que cause incompatibilidades entre produtos de diferentes fornecedores.

4. Usando a manipulação de quadros de beacon - A manipulação de quadros de beacon ajuda a identificar os quadros de beacon corretos aos quais se conectar. Isto garante que os clientes se ligam apenas ao fornecedor de acesso pretendido.

Fase 3: Desenvolvimento

A sugestão selecionada foi a de utilizar a manipulação da estrutura de beacon para se defender contra pontos de acesso desonestos de smartphones. Esta abordagem requer a incorporação de um valor no conjunto de parâmetros DS da estrutura de sinalização para o ponto de acesso à rede. O ponto de acesso enviará então esta estrutura de sinalização continuamente para se anunciar e os clientes pretendidos terão uma aplicação que verifica a sinalização modificada. Isto garantirá que os clientes da rede não se ligam a nenhum outro ponto de acesso, defendendo assim a rede contra pontos de acesso desonestos.

A metodologia escolhida para o desenvolvimento do software é o modelo de Desenvolvimento Rápido de Aplicações (RAD). A metodologia de desenvolvimento rápido de aplicações foi desenvolvida para responder à necessidade de fornecer sistemas muito rapidamente. Embora não seja adequada a todos os projectos, a abordagem RAD é adequada ao nosso projeto pelas seguintes razões

- O projeto tem um âmbito específico em que os objectivos são bem definidos e limitados.
- Existem parcialmente dados para o projeto (quadros de balizas em bruto).
- A equipa do projeto é pequena.
- A arquitetura está definida e clara e a maior parte dos componentes tecnológicos essenciais já estão implementados e foram testados.

- Os requisitos são razoáveis e estão bem dentro das capacidades da tecnologia que está a ser utilizada.

A estrutura do ciclo de vida do RAD foi concebida para garantir que os programadores criam os sistemas de que os utilizadores realmente necessitam. O ciclo de vida tem as quatro fases seguintes e, em cada uma delas, mostramos como foi alcançado.

1. **Planeamento de requisitos**

   Nesta fase, foi feita a análise dos requisitos de todo o projeto e anotados todos os requisitos. Foi adquirido um adaptador sem fios e configurado num computador portátil para ajudar a aceder a redes sem fios na plataforma Linux. O Linux foi carregado nas máquinas AP e cliente e as bibliotecas e dependências necessárias também foram carregadas. Um smartphone Android (Samsung Galaxy Pocket) foi adquirido para a experiência e será configurado como um smartphone RAP para efeitos de teste. O compilador gcc foi carregado em todas as máquinas a utilizar. Este será utilizado para codificar o programa cliente. Outras ferramentas, por exemplo, hostapd (para configuração do AP e manipulação de quadros de beacon), dhcpd (para permitir a ligação ao AP), Wireshark (para sniffing e análise de pacotes de rede), ODIN (para fazer o rooting do telemóvel Android), foram também recolhidas nesta fase.

2. **Conceção do utilizador**

   Não é necessário conceber muita interface de utilizador, uma vez que a implementação vai utilizar as interfaces já disponíveis fornecidas pelos controladores WLAN.

3. **Construção**

A manipulação da estrutura do beacon foi efectuada no ficheiro beacon.c do hostapd. A aplicação de sondagem foi construída utilizando o gcc para o lado do cliente.

4. Implementação

A fase de implantação incluiu a implementação final do ponto de acesso e das aplicações do lado do cliente. A implementação foi testada para verificar se os programas estavam a cumprir os objectivos pretendidos. Foram utilizadas as seguintes ferramentas

para desenvolver e implementar o sistema:

- **Plataforma Linux CentOS 6.0** - trata-se de um sistema operativo baseado no UNIX, escolhido pela sua capacidade de permitir programação de baixo nível. Isto é importante nesta experiência, uma vez que a solução requer comunicação com controladores WLAN.

- **Hostapd** - O daemon de ponto de acesso do host (hostapd) é uma ferramenta usada para criar pontos de acesso. Ele gera o modelo de beacon que é então configurado para um quadro de beacon real no kernel do Linux. Um daemon (monitor de disco e execução) é um processo que fica carregado na memória, aguardando algum sinal (de uma interrupção num dispositivo ou do próprio kernel) para acordar e executar as funções necessárias para tratá-lo. (Ruiz et al, 2008). Outras aplicações como o Virtual Router e o Connectify poderiam ter sido usadas para criar o ponto de acesso, mas ambas não funcionam no ambiente Linux e têm modos limitados disponíveis para o AP. O Virtual Router não detecta modems 3G e o Connectify não permite definir os SSID desejados.

- **Tcpdump** - uma ferramenta de captura de pacotes que é utilizada para capturar o tráfego de rede para análise. Permite a captura de pacotes a partir de qualquer interface, por exemplo, tráfego sem fios. O Tcpdump é uma ferramenta de código aberto para monitorizar ou detetar o tráfego de rede. Utiliza a linha de comandos e funciona capturando e apresentando os cabeçalhos dos pacotes e comparando-os com um conjunto de critérios diferentes. Utiliza operadores de pesquisa booleanos e pode utilizar nomes de anfitriões de estações, endereços de protocolo Internet (IP), nomes de redes e protocolos como argumentos.

- **Compilador Gcc** - um compilador de software de código aberto que inclui uma coleção de frontends para as linguagens Objective-C, C, C++, Java, Ada, Fortran e Go (XCG Software, 2005). É normalmente utilizado através da linha de comandos. O frontend de programação C foi utilizado para criar o software do lado do cliente que verifica a legitimidade dos pontos de acesso através da análise dos quadros de beacon anunciados.

- **Adaptador sem fios** - utilizado para fornecer acesso sem fios a um computador portátil. A configuração da placa sem fios no computador portátil não pôde ser utilizada no Linux porque não foi possível encontrar os controladores. O adaptador sem fios utilizado é o adaptador Belkin que suporta a norma 802.11g e permite velocidades de transmissão de 54Mbps.

- **Smartphone Android** - utilizado para efetuar um ataque à rede implantada. O tipo de smartphone utilizado é um Samsung Galaxy pocket S5300. O Android foi selecionado porque permite ao utilizador do dispositivo obter direitos administrativos. Isto permite que o smartphone seja configurado como um ponto de acesso que pode ser utilizado para atacar uma rede.

- **Software de enraizamento** - o software de enraizamento de smartphones dá aos utilizadores acesso a benefícios restritos do fabricante que lhes permitem ter o máximo controlo dos seus dispositivos. O Odin é o software de enraizamento que foi utilizado para fazer o root do smartphone. O ODIN é um programa baseado no Windows criado especificamente para flashear ficheiros, por exemplo, flashear a memória só de leitura em smartphones Samsung. É utilizado para várias situações diferentes, por exemplo, para fazer flash de firmware ou para instalar uma ROM personalizada no smartphone. O ODIN não tem requisitos especiais para além dos controladores USB da Samsung, que podem já estar instalados no computador, dependendo da utilização do smartphone em questão. (Cogen, 2011)

- **PacketShark** - uma aplicação móvel de deteção de pacotes que será carregada no smartphone com Android para capturar pacotes sem fios da rede. Estes pacotes serão utilizados para detetar o SSID do AP e os pacotes de ligação, entre outras coisas.

- **Servidor DHCP** - O servidor Dynamic Host Control Protocol (dhcp) é utilizado para atribuir endereços IP (Internet Protocol) ao AP e às suas estações. O servidor DHCP foi instalado no CentOS 6 e configurado adequadamente. Sem o servidor DHCP, o AP criado usando o hostapd não permitirá que as estações clientes se conectem a ele.

Fase 4: Avaliação

O sistema desenvolvido foi avaliado de acordo com as seguintes matrizes:

- Funcionalidade - para testar se estava a funcionar corretamente
- Integralidade - para testar se os objectivos declarados foram atingidos
- Consistência - para testar se estava a produzir os mesmos resultados ou resultados próximos de cada vez que era executado
- Exatidão - para verificar a exatidão dos resultados
- Desempenho - para ver se o desempenho está a ser adequado
- Fiabilidade - para ver se está a dar resultados fiáveis

Etapa 5: Conclusão

Foram tiradas conclusões sobre a eficácia da solução após a sua implementação e teste.

3.4. Conclusão

A metodologia de conceção e investigação foi escolhida como a metodologia de investigação a aplicar à investigação pelas várias razões acima referidas. O capítulo mostra como a metodologia foi aplicada à investigação, juntamente com a metodologia de software utilizada para o desenvolvimento do software. Foi também apresentado um resumo de outras metodologias. O capítulo seguinte abordará a análise pormenorizada do sistema.

CAPÍTULO 4 - ANÁLISE E CONCEPÇÃO DE SISTEMAS

4.0 Introdução

A análise de sistemas é um processo de recolha de dados, compreensão dos processos envolvidos, identificação de problemas e recomendação de sugestões viáveis para melhorar a funcionalidade do sistema. Isto é feito através do estudo dos processos empresariais, da recolha de dados operacionais, da compreensão do fluxo de informação, da descoberta de estrangulamentos e da elaboração de soluções para ultrapassar os pontos fracos do sistema e atingir os objectivos organizacionais. A análise de sistemas também inclui a subdivisão dos processos complexos envolvidos em todo o sistema, identificando o armazenamento de dados e os processos manuais. A conceção de sistemas, por outro lado, é o processo de planeamento de um novo sistema empresarial ou de um sistema que substitua ou complemente um sistema existente.

Este capítulo apresenta uma análise e uma explicação pormenorizadas da solução proposta para os pontos de acesso não autorizados para smartphones. É apresentada uma conceção pormenorizada da solução proposta. Esta é dividida em vários elementos e é efectuada utilizando a linguagem de modelação unificada.

4.1 Análise do sistema

Os telemóveis, em especial os smartphones, podem ser configurados como pontos de acesso. Estes pontos de acesso podem ser instalados utilizando apenas o dispositivo ou acoplando-o a um computador portátil que será utilizado para detetar o tráfego sem fios. Este último caso é designado por tethering. Referimo-nos a estes pontos de acesso como pontos de acesso desonestos para smartphones. Em ambas as implementações, são necessários sniffers de pacotes para efetuar os ataques. Os pontos de acesso desonestos podem surgir intencionalmente (configurados por indivíduos maliciosos) ou não intencionalmente (devido a APs mal configurados ou APs não autorizados instalados pelos utilizadores para melhorar a prestação de serviços numa organização).

4.1.1. Sistemas actuais

De todas as ameaças enfrentadas pelas redes, poucas são tão potencialmente perigosas como o ponto de acesso (AP) desonesto. Um AP desonesto, tal como definido anteriormente, é um ponto de acesso WiFi que é configurado por um atacante com o objetivo de detetar o tráfego de rede sem fios, numa tentativa de obter acesso não autorizado a um ambiente de rede. Esta violação da segurança não é implementada por um hacker malicioso ou por outro descontente. Em vez disso, é normalmente instalada por alguém que está simplesmente à procura de comodidade e flexibilidade no trabalho.

Existem algumas formas de detetar Rogue AP e algumas delas foram discutidas em pormenor no Capítulo 2. O primeiro passo para lidar com os RAPs é descobrir se eles existem. Os pontos de acesso desonestos existem em duas variedades, ou seja, internos e externos. Os pontos de acesso não autorizados internos são aqueles que (por exemplo) um empregado traz e liga a uma rede empresarial. O ponto de acesso está fora do controlo do pessoal de TI e serve de porta de entrada para os atacantes entrarem na empresa. O outro tipo de ponto de acesso não autorizado é mais difícil de controlar. O ponto de acesso não autorizado externo é controlado por um atacante e concebido para enganar os clientes legítimos, levando-os a ligarem-se a ele em vez de ao ponto de acesso correto. Normalmente, isto é conseguido definindo o SSID do ponto de acesso não autorizado como o mesmo SSID do ponto de acesso amigo e aumentando o sinal do ponto de acesso não autorizado. Isto fará com que as associações de clientes se dirijam para o ponto de acesso não autorizado. O atacante pode então tentar roubar as credenciais dos utilizadores através de páginas

Web e portais falsificados, concebidos para enganar os utilizadores e levá-los a fornecer palavras-passe, números de cartões de crédito e outras informações pessoais. Estes tipos de pontos de acesso desonestos são geralmente fáceis de detetar, mas difíceis de desativar, uma vez que o atacante tem de ser fisicamente localizado (Potter, 2007). A deteção de RAP pode ser efectuada recorrendo a diferentes técnicas, como a verificação da lista de endereços MAC, a verificação do ruído, a análise do tráfego, o levantamento do local e soluções comerciais.

Os sistemas actuais apresentam lacunas na deteção de RAP, uma vez que podem ser anulados por atacantes, pelo que é utilizada uma nova abordagem que utiliza a manipulação de quadros de balizas.

4.1.2. Sistema proposto

A solução proposta requer a implementação de um ponto de acesso com frames de beacon especiais e uma aplicação nas máquinas clientes para descodificar esse beacon especial. O quadro de sinalização é manipulado de forma a que os atacantes não o consigam duplicar. O SSID é fácil de duplicar, uma vez que é sempre enviado em texto simples e é utilizado para identificar os APs. A ocultação do SSID de um AP não esconde necessariamente a rede. Os atacantes são capazes de falsificar e revelar SSIDs/redes ocultos. A melhor solução para impedir o acesso não autorizado às redes é utilizar a manipulação de quadros de beacon, em que incorporamos um valor secreto num campo qualquer do quadro de beacon sem alterar a sua estrutura ou tamanho. Com isso feito, precisaremos de uma aplicação no lado do cliente que localize esse valor secreto. Este programa de sondagem capta os quadros de beacon de difusão e verifica o valor incorporado no lado do ponto de acesso. Se esse valor não for encontrado, o cliente não se conectará ao ponto de acesso que enviou o beacon.

A manipulação de quadros de beacon é difícil de implementar em pontos de acesso específicos do fabricante, uma vez que estes já têm firmware implementado pelos fabricantes como seus controladores. Alterar este firmware pode fazer com que o equipamento não funcione, pelo que é utilizado um ponto de acesso flexível. Um ponto de acesso suave pode ser definido como um ponto de acesso que é configurado utilizando um computador portátil ou qualquer outro dispositivo informático.

4.2 Conceção do sistema

A conceção de sistemas é o processo de planeamento de um novo sistema empresarial ou de um sistema que substitua ou complemente um sistema existente. No entanto, antes de este planeamento poder ser feito, o sistema antigo tem de ser completamente compreendido através da análise do sistema. Esta análise ajuda a determinar a melhor forma de utilizar a tecnologia para tornar o funcionamento do sistema mais eficaz. A conceção do sistema implica o desenvolvimento de um modelo do sistema proposto e inclui a conceção lógica, a conceção física e a conceção arquitetónica.

4.2.1 Conceção lógica

O desenho lógico modela os processos do sistema e explica como é que o sistema e as suas partes componentes vão funcionar. O objetivo é criar um modelo do sistema e dos dados. A Linguagem de Modelação Unificada (UML) vai ser utilizada na fase de conceção.

4.2.1.1 Diagramas de atividade

Esta ferramenta centra-se no fluxo de atividade entre os subsistemas. Uma atividade é determinada pelo processamento interno de um objeto. A figura 4.1 mostra as actividades que ocorrem entre o manipulador da estrutura de balizas (um subsistema que acrescenta um valor no campo de comprimento do elemento de informação do conjunto de parâmetros DS para tornar a estrutura de balizas única) e o controlador do ponto de acesso durante a geração e transmissão da estrutura de balizas manipulada

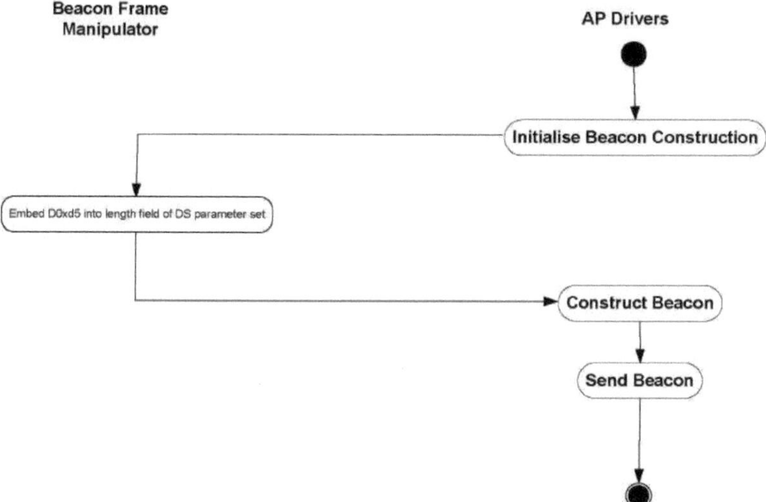

Figura 4.1: Diagrama de atividade de manipulação da estrutura de balizas

Os controladores do ponto de acesso iniciam o processo de construção da estrutura de balizas e, em seguida, o manipulador da estrutura de balizas assume o controlo para inserir o valor "D0xd5" no campo de comprimento do elemento de informação do conjunto de parâmetros DS. Feito isto, o controlo é passado de novo para o controlador AP. A figura 4.2 ilustra as actividades que têm lugar no lado do cliente quando os controladores WLAN na máquina cliente comunicam com a aplicação de sondagem AAPV.

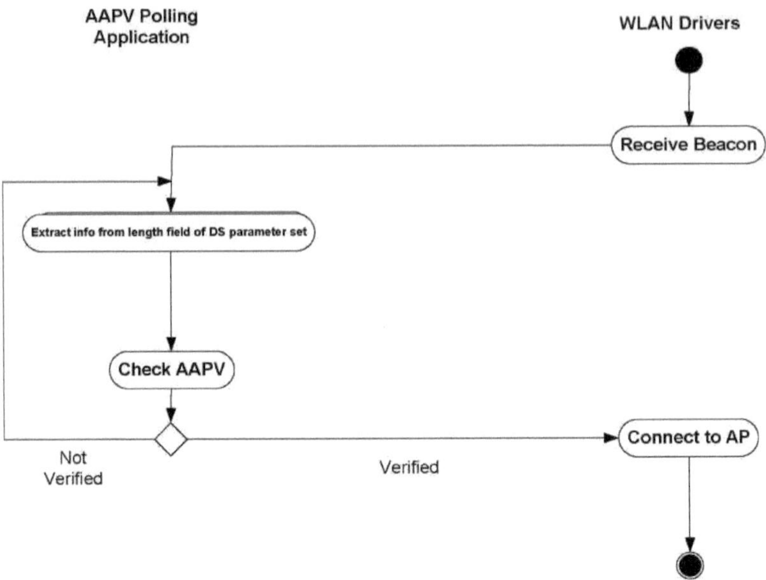

Figura 4.2: *Diagrama de atividade de sondagem AAPV*

Quando o cliente recebe um frame de beacon, o programa de polling AAPV verifica o valor incorporado nesse frame. Se o valor não for encontrado, a estação continua a sondagem, caso contrário, liga-se ao AP que enviou o quadro de beacon.

4.2.1.2 Diagrama de gráfico de estados

Um diagrama de estados é uma ferramenta UML utilizada para modelar o comportamento de um objeto. Cada objeto tem um estado e este estado muda com o tempo, dependendo do processo que o objeto está a executar. O diagrama de estados apresentado na Figura 4.3 representa a entrada das credenciais de ligação AP. O estado inicial do objeto é NOT CONNECTED (não ligado), o que indica que a máquina cliente não está atualmente associada a nenhum PA e que o utilizador não está ligado à rede.

Quando o utilizador seleciona o AP "stoprogue" entre os APs listados, é-lhe pedido que introduza a sua palavra-passe de ligação. Se a palavra-passe estiver correta, o utilizador fica ligado; caso contrário, tem de introduzir novamente a palavra-passe.

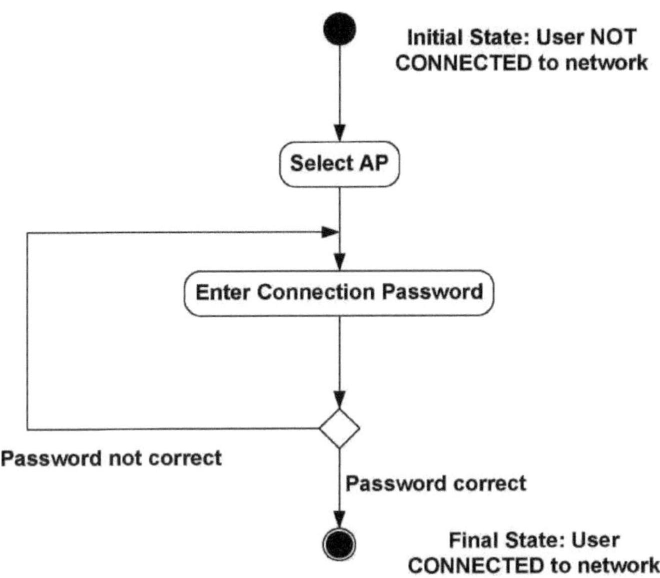

Figura 4.3: *Diagrama de diagrama de estados da ligação do utilizador*

4.2.1.3 Diagrama de sequência

O UML fornece um meio gráfico para representar as interações entre objectos ao longo do tempo em diagramas de sequência. Estes diagramas mostram normalmente um utilizador ou ator e os objectos e componentes com que interagem. Os diagramas de sequência são uma excelente forma de documentar cenários de utilização e de capturar os objectos necessários na análise e de verificar a utilização dos objectos posteriormente no projeto. Os diagramas de sequência mostram o fluxo de mensagens de um objeto para outro e, como tal, correspondem aos métodos e eventos suportados por um objeto. A Figura 4.4 mostra o diagrama de sequência para o processo de ligação do utilizador, com o utilizador à esquerda a iniciar um fluxo de eventos e mensagens que correspondem ao cenário. As mensagens que passam entre objectos tornar-se-ão operações de classe ou de estrutura no modelo final.

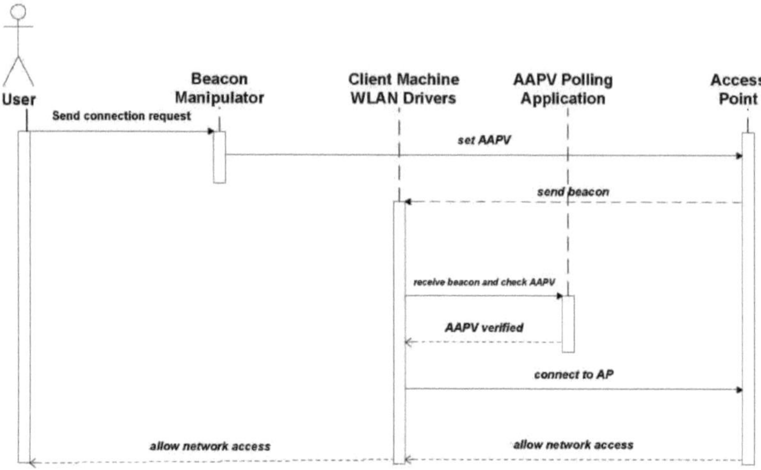

Figura 4.4: *Diagrama de sequência da ligação do utilizador*

Tal como referido anteriormente, um ponto de acesso anuncia-se a si próprio através da difusão de beacon frames. Estas estruturas de balizas são primeiro construídas nos controladores WLAN do ponto de acesso. Dado que a solução proposta exige a manipulação da estrutura de beacon, os beacons têm de ser transmitidos a um manipulador de estruturas de beacon para serem tornados únicos. Depois de o beacon ter sido manipulado, é enviado pelos controladores do AP para publicitar a rede. Um utilizador pode então selecionar a rede "stoprogue" da lista de redes disponíveis e é-lhe pedido que introduza a palavra-passe. Quando introduzem a palavra-passe correta, os controladores WLAN do cliente procuram o AAPV para autenticar o AP. Se o AAPV não existir, a máquina cliente continua a sondar.

4.2.2 Conceção física

P A conceção física envolve a conversão da conceção lógica numa conceção física, que mostra como o sistema irá funcionar. Trata-se da produção de diagramas de conceção física, como fluxogramas de programas, que explicam como os módulos individuais dos programas vão funcionar. Isto garante que o sistema que vai ser produzido será sustentável, fiável e eficaz, uma vez que permite uma compreensão profunda do código. A conceção física inclui a conceção de baixo nível.

4.2.3 Desenho arquitetónico

Trata-se da conceção da disposição do sistema, indicando como serão dispostos os componentes que o constituem. A solução é composta por componentes de hardware e software, que são reunidos para formar um sistema. Para o hardware, a solução requer um adaptador sem fios, um computador portátil para ser configurado como soft AP, uma ou mais máquinas clientes e um smartphone para ser configurado como SRAP. O software necessário para a solução inclui o compilador gcc, o hostapd e o dhcpd. O esquema típico da solução é apresentado na Figura 4.5.

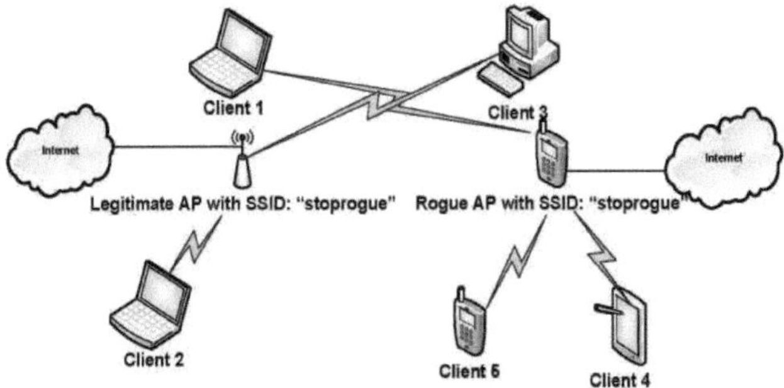

Figura 4.5: *Conceção arquitetónica da solução*

Na Figura 4.5, os clientes 1, 4 e 5 estão ligados, sem saber, através do SRAP, uma vez que este tem o mesmo SSID que o AP legítimo.

4.3 Conclusão

A fase de Análise e Conceção de Sistemas cria uma margem de manobra para a implementação efectiva do sistema em questão. É uma fase crucial no desenvolvimento de um sistema eficiente. Ajuda o analista a compreender plenamente os requisitos do sistema e também a forma como as partes componentes do sistema interagem e trabalham em conjunto.

CAPÍTULO 5 - APLICAÇÃO

5.0 Introdução

A implementação do sistema proposto é efectuada com base na análise e na conceção apresentadas no capítulo anterior. Implica a tradução do desenho em código fonte que irá efetivamente resolver o problema em questão. O teste também é efectuado nesta fase e consiste em determinar se a solução funciona ou não.

5.1 Arquitetura do sistema

O sistema inclui um ponto de acesso, clientes de rede e RAPs. É este ponto de acesso que tem os seus quadros de beacon manipulados para os tornar únicos. As máquinas clientes executam uma aplicação que sonda os quadros de beacon manipulados e liga-se apenas a esses quadros. Para efeitos de teste, o RAP será implantado sob a forma de um smartphone baseado em Android. Este apresentará o ponto de acesso não autorizado do smartphone (SRAP) que a solução pretende mitigar. O SRAP será implementado com o mesmo SSID e palavra-passe de ligação que o ponto de acesso legítimo configurado.

5.2 Configurar o ponto de acesso

Um computador portátil é configurado como um ponto de acesso (AAPV AP). É importante notar que construir um ponto de acesso, em vez de utilizar um já existente, oferece a flexibilidade e a possibilidade de personalização necessárias para esta experiência. Isto é mais prático do que alterar o firmware de pontos de acesso específicos do fabricante, o que pode fazer com que o firmware se torne não-padrão e acabe por não funcionar com o dispositivo ou com outros dispositivos de qualquer um dos fabricantes. O Hostapd foi utilizado para criar o ponto de acesso, uma vez que permite a criação de pontos de acesso sem fios por software. O Hostapd tem três implementações diferentes que podem ser usadas e são a implementação de Jouni Malinen, a implementação do OpenBSD e a implementação do Devicescape. Para este projeto foi utilizada a implementação de Jouni Malinen. A implementação do hostapd de Jouni Malinen é um daemon para pontos de acesso e servidores de autenticação que utiliza a gestão de pontos de acesso IEEE 802.11, autenticadores IEEE 802.1X/WPA/WPA2/EAP, cliente RADIUS, servidor EAP e servidor de autenticação RADIUS. A versão atual suporta Linux (Host AP, MadWifi, Prism54 e alguns dos controladores que utilizam o subsistema mac80211 do kernel), FreeBSD (net80211) e DragonFlyBSD. (hostapd, n.d.)

As configurações do software hostapd para construir o ponto de acesso são feitas no ficheiro de configuração hostapd.conf (hostapd, n.d.). As seguintes alterações são feitas no ficheiro de configuração para se adequar às necessidades da experiência: a interface tem de ser definida como wlan0, que é a interface em que o ponto de acesso funciona. O SSID é alterado para um nome preferido, para a experiência utilizámos "stoprogue" e o modo de funcionamento da placa sem fios é alterado para o modo "g" para corresponder ao adaptador sem fios que está a ser utilizado. O canal de operação é alterado para o canal 1, a partir do canal 60 predefinido, porque o canal de frequência da placa sem fios que está a ser utilizada é o canal 1. A Tabela 3 mostra como o ponto de acesso foi configurado usando o arquivo hoastapd.conf. Com essas configurações feitas, o ponto de acesso é testado para ver se está funcionando. Uma configuração bem sucedida faz com que outros dispositivos sem fio detectem o ponto de acesso. O SSID do ponto de acesso será listado entre os outros pontos de acesso detectados nas proximidades.

Property	Set Value
Interface	wlan0
SSID	"stoprogue"
Password	"13xfv"
Mode	g
Channel	1

Tabela 3: Configuração do Hostapd

Para permitir que as estações clientes se liguem ao AP, utilizamos o servidor dhcp. O servidor dhcp é utilizado para permitir que computadores individuais numa rede IP obtenham automaticamente as suas configurações de rede a partir de um servidor, em vez de ser necessário concluir manualmente a configuração de rede de cada estação. O objetivo geral é reduzir o trabalho necessário para administrar uma rede IP de grandes dimensões. O primeiro passo na configuração de um servidor DHCP é criar o ficheiro de configuração que armazena as informações de rede para os clientes. As opções globais podem ser declaradas para todos os clientes, enquanto outras opções podem ser declaradas para sistemas clientes individuais. O ficheiro de configuração dhcp encontra-se no Apêndice 3.

5.3 Configurar a lista de endereços MAC

Um dos objectivos diz que temos de identificar as estações clientes utilizando os seus endereços MAC. Isto é feito para reforçar a segurança do nosso sistema. Todos os endereços MAC das estações da rede são recolhidos e guardados num ficheiro de texto. Este ficheiro é nomeado e guardado na pasta hostapd e o código é escrito para aceder ao ficheiro e verificar a lista de endereços quando o hostapd é executado.

5.4 Implementação da manipulação de quadros de balizas

O elemento de informação DS Parameter Set dos beacons enviados pelo AP hostapd é manipulado. O elemento de informação DS Parameter Set, que faz parte dos campos do elemento de informação do quadro de beacon, mostrado na Figura 2.6, está incluído nos pontos de acesso que suportam a transmissão DSSS (Gupta e Rohil, 2012). É importante notar que este elemento de informação está sempre presente nos quadros de beacon e tem sete bits (não utilizados) nos quais podemos colocar os nossos dados de manipulação, pelo que foi selecionado para realizar esta função de autenticação. A manipulação do quadro de balizas reestrutura o quadro de balizas do ponto de acesso para incluir um valor de ponto de acesso autêntico (AAPV). O conjunto de parâmetros DS tem sete (7) bits não utilizados no seu campo de comprimento. O AAPV será colocado nos bits não utilizados do campo de comprimento do elemento de informação do conjunto de parâmetros DS e utilizado para autenticar os pontos de acesso. O ponto de acesso difundirá então esta estrutura especial de beacon e todos os clientes pertencentes à rede procurarão ligar-se apenas aos AP que difundem estes beacons.

A manipulação de quadros de beacon é implementada no ficheiro beacon.c utilizado para gerar quadros de beacon. Este ficheiro encontra-se em hostapd e foi modificado e utilizado para incorporar um valor alfanumérico de "D0xd5" nos bits não utilizados do campo de comprimento do elemento de informação do conjunto de parâmetros DS. O ID do elemento do conjunto de parâmetros DS é definido no ficheiro ieee802_11_defs.h como se mostra a seguir.

```
#define WLAN_EID_DS_PARAMS 3
```

A definição estabelece o ID do elemento de informação como 3. A estrutura do conjunto de parâmetros DS que mostra todos os campos do elemento de informação é definida no ficheiro def.h. O conjunto de parâmetros DS é constituído por 3 bytes, ocupando o elemento ID 1 byte, o campo de comprimento 1 byte e o campo de informação 1 byte. Como já foi referido, o campo de comprimento tem 7 bits não utilizados e a experiência vai utilizá-los todos para colocar o AAPV alfanumérico. O trecho de código para a implementação é mostrado abaixo:

```
static u8 * hostapd_eid_DS_params(struct hostapd_data *hapd, u8 *eid, u8 *pos, u8 *end
int max_len)
{
        if (hapd->iface->current_mode == NULL ||
hapd->iface->current_mode->mode != HOSTAPD_MODE_IEEE80211G)
                return eid;

u8 *pos = eid;
        u8 *end = eid + max_len;
        char[] I = D0xd5;

        os_memcpy(pos, eid, 3);
        pos += 8;
        pos++ = I;
        return eid;
}
```

Utilizando a função hostapd_ied_DS_params(), a frame beacon é manipulada através da inserção de um AAPV de "D0xd5" no campo de comprimento do conjunto de parâmetros DS. Primeiro verifica se o modo de interface está definido ou se o modo configurado para hostapd é "g" (que é o modo para o adaptador sem fios utilizado para a experiência). Se qualquer um deles for verdadeiro, devolve o id do elemento do conjunto de parâmetros DS, que é 3. O ponteiro pos aponta para o id do elemento do conjunto de parâmetros DS e o tamanho do elemento é determinado pelo comprimento do eid e do max-len.

O conjunto de caracteres I armazena a cadeia "D0xd5", que é o valor do nosso AAPV que é adicionado ao campo de comprimento do elemento de informação. A função memcpy() copia o eid para a variável pos com um comprimento de 3 bits. Isto significa que o eid utiliza 3 bits. Precisamos de mover 5 bits para o fim do campo eid e mais 3 bits para o campo de comprimento, uma vez que são utilizados os primeiros 3 bits do campo de comprimento. Aumentamos a posição em um e, em seguida, colocamos o nosso número inteiro que é utilizado como AAPV nessa posição.

5.5 Polling AAPV (lado do cliente) Implementação

Deve ser concebido e codificado um programa que capte os pacotes de beacon e procure o valor encriptado (aplicação de sondagem AAPV). Este programa será executado nas máquinas clientes da rede. Quando executado, o programa deve verificar os quadros de beacon recebidos antes de se ligar. Se o beacon capturado não tiver o valor AAPV, presume-se que provém de um ponto de acesso não autorizado e a ligação é interrompida enquanto a estação continua a sondar. Caso contrário, o cliente liga-se ao ponto de acesso que enviou esse sinalizador. O fluxograma do processo é apresentado na Figura 5.1.

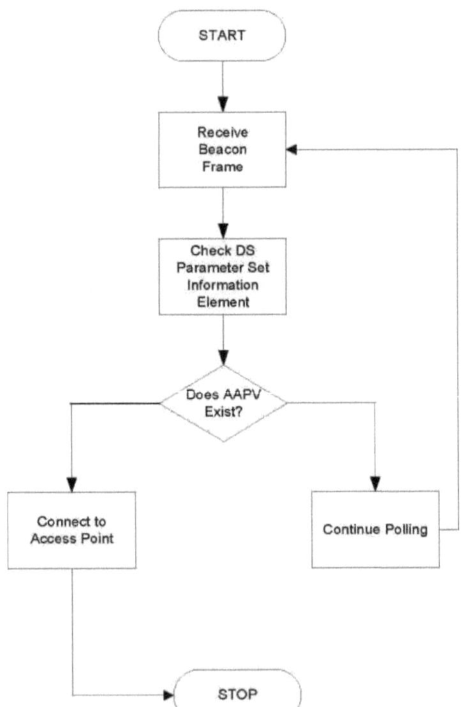

Figura 5.1: *Fluxograma da aplicação AAPVPolling*

A aplicação de sondagem é capaz de distinguir entre pontos de acesso legítimos e ilegítimos. Um atacante pode instalar um ponto de acesso com o mesmo nome que o legítimo e este software assegurará que os clientes não se liguem a esses pontos de acesso. Este mecanismo garante que os clientes da rede apenas se ligam ao ponto de acesso legítimo com o quadro de beacon modificado. Outros clientes Wi-Fi nas imediações não estarão à procura desta estrutura de sinalização, pelo que não a verão ou talvez a vejam como uma estrutura corrompida. Isto impede que outros clientes também se liguem à rede sem autenticação. Outros clientes, se não forem bloqueados, podem ligar-se à nossa rede e utilizar serviços como a Internet à custa da nossa organização.

A aplicação de sondagem AAPV é uma aplicação concebida pelo utilizador que assenta no topo do sistema operativo. Comunica com os controladores WLAN através do sistema operativo. Depois de o programa identificar positivamente o AAPV, o controlo é passado para os controladores WLAN para que a ligação se efectue. Isto é ilustrado na Figura 5.2.

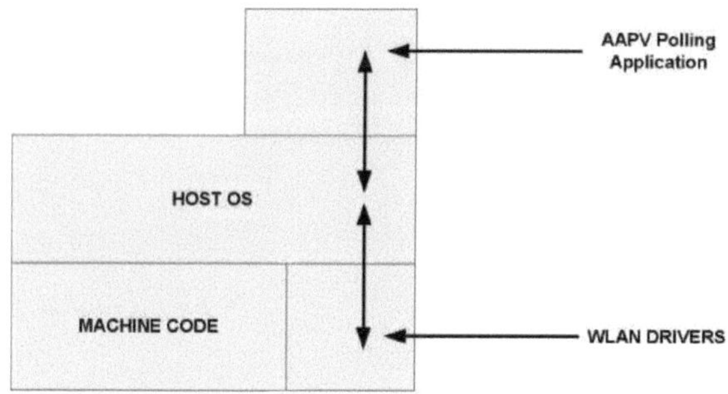

Figura 5.2: *Arquitetura AAPVA*

O código seguinte está perfeitamente integrado nos controladores de sondagem associados à WLAN. Se o valor alfanumérico incorporado for identificado positivamente, a função WLAN_CONNECT() é chamada. Esta função passa o controlo para os controladores WLAN. Se o valor não for identificado, a função POLL() continua a procurar o quadro de beacon apropriado.

```
int main(int argc, char *argv[])
{

	/* checks for device */



	if (argc < 2){
		printf("enter interface :\n");
		return(0);
	}


	/* opens device */
	handle = pcap_open_live(dev, 1024, 0, 1024, errbuf);
	if (handle == NULL){
		printf("Couldn't open device %s\n", errbuf);
		return(1);
	}

	/* checking for AAPV */
void got_packet(u_char *args, const struct pcap_pktlen *lenght, const int*packet){
/* drop everything that does not contain the value "D0xd5" in the length field */
identified = FALSE;
	for (i = 0; i < 300; i++){
		if (identified == FALSE && packet[9] == D0xd5){
			identified = TRUE;
		}
	}
	if (identified = TRUE){
		WLAN_CONNECT();
	}
	else
		POLL();
}
```

5.6 Configurar o ponto de acesso Smartphone Rogue

Como referido anteriormente, um telemóvel, em particular um smartphone, pode ser configurado como um ponto de acesso (John, 2013). Para esta investigação, o SRAP será implantado utilizando um Samsung Galaxy Pocket s5300 com Android enraizado. Para efeitos de teste, o SRAP deve ser instalado com o mesmo SSID e a mesma palavra-passe de ligação que o ponto de acesso legítimo. Este SRAP será utilizado para efetuar um ataque à rede, a fim de testar a solução. Será implantado utilizando o smartphone configurado com um packet sniffer (Parthip, 2012). O PacketShark, uma aplicação de deteção de pacotes sem fios, será instalado no smartphone com o objetivo de capturar pacotes de clientes insuspeitos na rede para utilização maliciosa.

Para configurar o Samsung Galaxy Pocket S5300 como um ponto de acesso. São seguidos os seguintes passos:

1. Selecionar menu
2. Selecionar Definições
3. Selecione Redes sem fios e redes

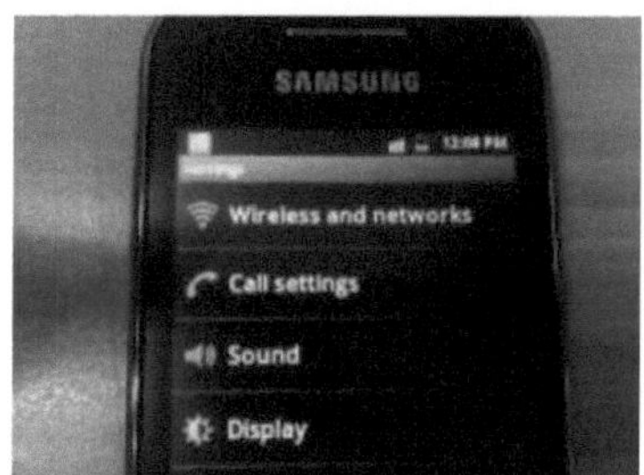

Figura 5.3: *Opções de definições para o Samsung Galaxy Pocket*

4. Selecionar Tethering e Hotspot portátil

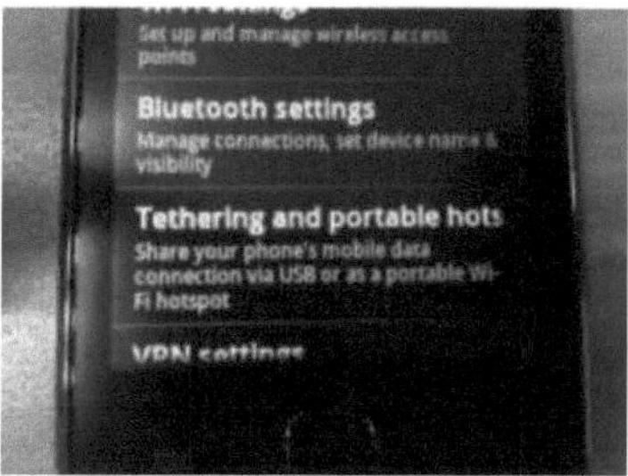

Figura 5.4: *Opção de partilha de ligação e pontos de acesso portáteis para o Samsung Galaxy Pocket*

5. Selecione Definições do ponto de acesso WiFi portátil

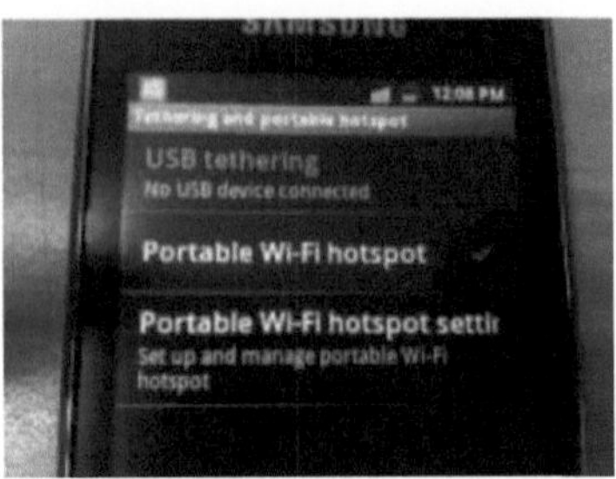

Figura 5.5: *Definições de Hotspot para o Samsung Galaxy Pocket*

6. Selecionar o SSID da rede

Selecionar Network SSID dá uma opção para definir o SSID do hotspot. Para esta experiência, o SSID foi definido como "stoprogue". Existe uma opção para configurar opções de encriptação, mas isso não será feito. Isto permitir-nos-á distinguir entre os dois APs com o mesmo nome. O legítimo terá um pequeno cadeado por cima para mostrar que está protegido por palavra-passe, enquanto o SSID SRAP aparecerá sem palavra-passe.

5.7 Testes e resultados

Foi configurada uma rede sem fios constituída por um ponto de acesso AAPV, um SRAP e cinco (5) máquinas clientes. Das cinco (5) máquinas, três (3) tinham a aplicação AAPV instalada e as outras duas (2) tinham controladores WLAN predefinidos. O ponto de acesso AAPV e o SRAP foram ambos configurados com o mesmo SSID "stoprogue" e a palavra-passe "13xfv". O SRAP era baseado em Android e tinha o PacketShark instalado. Foram efectuadas dez (10) tentativas de ligação por cliente aos beacons transmitidos e os resultados foram os apresentados na Tabela 4.

CLIENT	SUCCESS (AAPV)	SUCCESS (SRAP)	BEACON FRAME DETECTION (AAPV)	BEACON FRAME DETECTION (SRAP)
AAPV (3)	95%	0.05%	100%	100%
NON-AAPV (2)	0%	75%	100%	100%

Tabela 4: Resultados das tentativas de ligação

A taxa de falha de 0,05% dos clientes do AAPV que conseguiram ligar-se à SRAP deveu-se à má configuração do programa cliente do AAPV nos clientes em causa. Do total de tentativas de ligação, os clientes com AAPV ligaram-se com êxito 95% das vezes ao ponto de acesso do AAPV e detectaram tanto o AAPV como a SRAP. Os clientes não habilitados para o AAPV falharam completamente na ligação ao ponto de acesso do AAPV e conseguiram ligar-se à SRAP com uma taxa de sucesso de 75%.

5.6 Conclusão

Este capítulo fornece uma visão detalhada da fase de implementação da solução. Foram explorados os aspectos de implementação dos componentes da solução. O próximo capítulo centra-se na análise de todo o projeto.

CAPÍTULO 6 - CONCLUSÃO

6.0 Introdução

Este é o último capítulo do documento e apresenta a conclusão do trabalho efectuado na dissertação. Nesta fase, é também feita uma avaliação do cumprimento dos objectivos da dissertação.

6.1 Avaliação dos objectivos

Os objectivos da dissertação foram definidos no Capítulo 1 da seguinte forma:

- Para reestruturar a estrutura de balizas.
- Para distinguir entre pontos de acesso legítimos e não legítimos.
- Para identificar as estações pelos respectivos endereços MAC (Media Access Control).
- Para evitar que as estações se associem a pontos de acesso não autorizados.

Para atingir o primeiro objetivo, ou seja, reestruturar a frame beacon, configurámos um ponto de acesso utilizando o hostapd e modificámos a frame beacon adicionando um valor alfanumérico ao conjunto de parâmetros DS. Isso é discutido em detalhes no capítulo de implementação. Os nossos clientes conseguiram distinguir entre beacon frames legítimos e não legítimos usando uma aplicação de sondagem AAPV que procura os beacon frames especiais entre os que são transmitidos e liga-se apenas a esses. O ponto de acesso é capaz de identificar estações clientes utilizando o ficheiro de lista de endereços MAC para verificar se existem clientes legítimos. Os clientes não encontrados na lista de endereços MAC não serão autorizados a ligar-se. As nossas máquinas clientes só podem ligar-se ao ponto de acesso legítimo, uma vez que o software configurado nelas só se liga a beacons legítimos.

6.2 Discussão dos resultados

A partir da investigação efectuada sobre a deteção de SRAP, os resultados apresentados no capítulo anterior mostram que a manipulação da estrutura de sinalização pode impedir os clientes de se ligarem a pontos de acesso não autorizados. A estrutura de balizas pode ser manipulada utilizando bits livres no campo de comprimento de qualquer elemento de informação. Isto não altera a estrutura da estrutura de balizas, ou seja, a estrutura de balizas continua a ser normalizada e o hardware não tem de ser alterado de forma alguma.

6.3 Recomendações

Para trabalhos futuros, recomendamos a inclusão de novas funcionalidades para melhorar as capacidades de proteção da rede. Por exemplo, as estatísticas observadas na fase de teste podem ser utilizadas para gerar o índice RAP, que pode ser utilizado para analisar a eficácia do sistema.

6.4 Conclusão

A partir da investigação e do trabalho realizado, pode concluir-se que é possível detetar pontos de acesso ilegítimos, incluindo pontos de acesso desonestos com smartphones, utilizando a manipulação da estrutura de beacon. A frame beacon enviada por um ponto de acesso pode ser manipulada e utilizada para impedir que os clientes se liguem a pontos de acesso desonestos, que podem mesmo apresentar-se sob a forma de smartphones. A frame beacon é a frame mais importante nas redes sem fios, uma vez que estabelece ligações, razão pela qual foi escolhida para ser utilizada para confirmar a legitimidade das fontes de rede sem fios. Um conhecimento profundo da forma como os clientes se ligam aos pontos de acesso é vital para esta investigação, uma vez que é necessário compreender a troca de frames no estabelecimento de uma ligação.

REFERÊNCIAS

Aboba B., Blunk L., Vollbrecht J., Carlson J. e H. Levkowetz, (2004), **Extensible Authentication Protocol (EAP)**, Copyright (C) The Internet Society (2004). [em linha] Disponível em : http://www.ietf.org/rfc/rfc3748.txt, [Acedido: 25 julho, 2012]

Boehm B., (1988), A **Spiral Model of Software Development and Enhancement**, *IEEE Computer 21,* 5, 61-72.

Burns J., (2009), **Segurança das aplicações móveis no Android**, 2009, Black Hat, EUA

CCNA® Wireless Study Guide, (n.d.), Chapter 2: **Wireless LAN Standards and Topologies**, [online] Disponível em: http://www.ciscopress.com/articles/article.aspx?p=1271797, [Acedido: 26 julho 2012]

Clemmer L, (2012), **Conceitos de segurança da informação: Confidencialidade, Integridade, Disponibilidade e Autenticidade.** [em linha] Disponível em: http://www.brighthub.com/computing/smb-security/articles/29153.aspx [Acedido em: 18 de março de 2013]

Cogen D., (2011), **How to root the Samsung Galaxy (all versions)**, 1 de dezembro de 2011 [online] Disponível em: http://theunlockr.com/2011/12/01/how-to-root-the-samsung-galaxy-- all-versions/, [Acedido em: 25 julho, 2012]

Davidson P., Hedrich R., Leavy T., Sharp W. e N Wilson, (2002), **Information Systems Development Techniques and their Application to the Hydrological Database Aplicação de derivação**

de Villiers M.R., (2005), **Três abordagens como pilares da informação interpretativa**

Enck, W. e P. McDaniel, (2008) **Understanding Android's Security Framework,** outubro de 2008, Systems and Internet Infrastructure Securities

Gast, M., (1996), **Wireless Networks. O guia definitivo.**

Gast M., (2002), **802.11 Wireless Networks. O Guia definitivo,** Capítulo 9, pág. 223

Geier J., (n.d.), **Beacons Revealed**, [em linha] Disponível em: (www.wi-fiplanet.com), [Acedido em: 26 julho, 2012]

Geier J., (2006), **Identifying Rogue Access Points**, 06 de janeiro de 2006, [em linha] Disponível em: (www.wi-fiplanet. com), [Acedido em: 28 de julho de 2012]

Gopinath K. N, (2009), **WiFi Rogue AP: 5 Ways to (Mis)use It**, 28 de julho de 2009, [online] Disponível em: http://blog.airtightnetworks.com/wifi-rogue-ap-5-ways-to-%e2%80%9cuse%e2%80%9d-it/ [Acedido em: 19 outubro, 2012]

Gopinath K. N. e H. Chaskar, (2009), **All You Wanted to Know About WiFi Rogue Access Points: A quick reference to Rogue AP security threat, Rogue AP detection and mitigation**, AirTight Networks, www.AirTightNetworks.com

Gupta V. e M. K. Rohil, (2012), **Information Embedding in the IEEE802.11 Beacon Frame**, Conferência Nacional sobre Tecnologias de Comunicação e o seu impacto na Computação de Nova Geração CTNGC 2012 Proceedings publicado pelo International Journal of Computer Applications® (IJCA)

Hevner A.R., March S.T., Park J. e S. Ram, (2004), **Design science in information systems research,** MIS Quarterly, 28

Hostapd, http://en.hostapd.org/wiki/Hostapd#Jouni Malinen.27s hostapd

John A., (2011), **What is rooting on Android, The advantages and disadvantages**

Johnson R., (2012), **Wireless Security Vulnerabilities**, R. J. Computer Consulting, [Online] Disponível em http://www.streetdirectory.com/travel guide/2497/computers and the internet/wireless secu rity vulnerabilities.html [Acedido: 16 outubro, 2012]

Kock N., (n.d.), **Action Research: Its Nature and Relationship to Human Computer Interaction Systems research: development research, action research and grounded theory In: Bishop, J. & Kourie, D. (Eds.)** ***Investigação para um mundo em mudança.***

Kuan C. C.,(2011), **Understanding Wireless Intrusion Prevention Systems**, fevereiro de 2011,[online] Disponível em: http://www.networkworld.com/news/tech/2011/021411- wireless-intrusion-prevention.html [Acedido em: 22 de novembro de 2012)

Ma .L, Teymonan A. Y. e X. Cheng, (2008), **A Hybrid Rogue Access Point Protection Framework for Commodity Wi-Fi Networks**, IEEE INFOCOM 2008

Mateti P., (2005), **Hacking techniques in wireless networks**, IEEE INFOCOM 2005

Mitchell, Bradley., (nd), **Wireless Standards - 802.11b 802.11a 802.11g and 802.11n The 802.11 family explained,** About.com Guide, [online] Disponível em: http://compnetworking.about.com/cs/wireless80211/aZaa80211standard.htm, [Acedido em: 23 outubro, 2012]

National Instruments Corporation, (2008), **WLAN - 802.11 a,b,g e n**, Wireless Standards Whitepaper Series, 11 de abril de 2008, [em linha] Disponível em: http://www.ni.com/white-paper/7131/en

Nobel R., Lovison F., Riesen F., Vangrunderbeek E. e F Ziliotto, (2012), **Planning and Designing 802.11 Wireless Technologies**, Cisco Press, May 16 2012, [online] Disponível em: http://www.ciscopress.com/articles/article.asp?p=1873028&seqNum=3, [Acedido em: 23 de outubro de 2012]

O'Brien R., (2001), **An Overview of the Methodological Approach of Action Research,** [em linha] Disponível em: http://www.web.ca/robien/papers/arfinal.html [Acedido em 27 de fevereiro de 2013]

Parthip, S., (2012), **802.11 Sniffer Capture Analysis - Management Frames and Open Auth**, [em linha] Disponível em: https://supportforums.cisco.com/docs/DOC-24651, [Acedido em:

27 de julho de 2012]

Potter, B., (22/07/2007). **Deteção de intrusão sem fios.** Recuperado em 22 de abril de 2013, de http://www.itsec.gov.cn/webportal/download/88.pdf

Rapoport R.N, (1970), **Three dilemmas in action research**, Human Relations, 23, 499-513.

Ruiz V., (2008), **Sistema Operativo Básico GNU/Linux**,

Shetty, Sachin, Song, Min, Ma, Liran, (2007), **Rogue Access Point Detection by Analyzing Network Traffic Characteristics**, IEEE Conference Publications

Singh S. K., (2004), **Controlo de processos assistido por computador**, PHI Learning Pvt Ltd (1 de agosto de 2004)

Sommerville, I., (1996), **Software Engineering**, Fifth Edition, Addison Wesley, Reading, MA,

Spamlaws, (nd), **Tipos de ataques a redes sem fios: RAP**, [online] disponível em < http://www.spamlaws.com/rap-attacks.html> [Acedido: 2 julho, 2012]

Stallings W., (2006), **Cryptography and Network Security,** 5th Edition, Prentice Hall.

The MathWorks Inc, (nd), **IEEE 802.11 WLAN - Beacon Frame**, Disponível em www.mathworks.com. (Acedido em 24 de janeiro de 2013)

Thomas, O., e C. van Oosten, (2007), **Information Security Magazine.** outubro de 2007

Timofte J., (2004), **Sistemas de prevenção de intrusões sem fios**. Revista *Informatica Economica* nr.3(47)/2008

Vanderauwera J., Bruinsma L., Carlier S. e T. Hassanmahomed, (2009), **Compromising Wireless Security with Android**, 31 de dezembro de 2009.

Vaishnavi V. K. e W Kuechler Jr., (2007), **Design Science Research Methods and Patterns: Innovating Information and Communication Technology**, Taylor and Francis(2007)

Walls J., Widmeyer G.R. e O. A. El Sawy, (1992), **Building an Information System Design Theory for Vigilant EIS**, Information Systems Research, 3 (1), 36-59.

Wexler J., (15 de novembro de 2004), **Do we really need RAP protection?** (http://www.networkworld.com/newsletters/wireless/index.html)

XGC Software, (2005), **What is GCC?,** http://www.xgc.com/misc/tech_note_0.htm

Zhu, H., Zhang, Y., Hou, Q. e S. Greenwood, (nd), **Application of Hazard Analysis to Quality Modelling**, Proc. Of IEEE COMPSAC 2002, Oxford, UK

APÊNDICES

Apêndice *1: Normas WLAN*

Name	Description	Obsoleted By
802.11	Original standard defining 1- and 2-Mbps 2.4-GHz RF and IR. All the following are amendments to this standard.	802.11-2007
802.11a	This standard defines Orthogonal frequency-division multiplexing (OFDM) 54-Mbps operation in the 5-GHz band.	802.11-99
802.11b	Enhancements to 802.11 to support 5.5 Mbps and 11 Mbps in the 2.4-GHz band.	802.11-99
802.11c	Defines bridging operations for 802.11. 802.11c has been included as a chapter in the 802.1D standard concerning wireless bridging.	802.1D
802.11d	International roaming extensions. Adds a country field in beacons and other frames. Adds countries not defined by the original standard.	802.11-2001
802.11e	Quality of service (QoS) features. Wi-Fi Multimedia (WMM) is a subset of 802.11e.	802.11-2007
802.11F	Set of recommendations (optional) defining the Inter-Access Point Protocol (IAPP) for exchanging client security context between access points (AP). This amendment was withdrawn in 2006.	802.11-2003
802.11g	Defines effective radiated power - OFDM (ERP-OFDM) modulation in 2.4 GHz, enabling 54 Mbps with backward compatibility with 802.11b.	802.11-2003
802.11h	Amendment for spectrum and transmit power management. It adds Dynamic Frequency Selection (DFS) to avoid radar in the 5-GHZ band as well as Transmit Power Control (TPC) to the 802.11a specification.	802.11-2007
802.11i	Wi-Fi Protected Access (WPA) was an early subset of 802.11i, whereas Wi-Fi Protected Access 2 (WPA2) is the full 802.11i implementation. It defines Robust Security Network's (RSN), Advanced Encryption Standard (AES), and Temporal Key Integrity Protocol (TKIP) encryptions.	802.11-2007
802.11j (2004)	Amendment specific for regulation in Japan allowing use in the 4.9-GHz band.	802.11-2007
802.11-2007	Currently the latest revision of the standard, including amendments for 802.11a through 802.11j (except for .11c and .11F).	—

802.11k	Proposed amendment that defines radio management. It will facilitate roaming in an Extended Service Set (ESS) by helping to choose the best access point available (load balancing).	—
802.11l	Reserved and will not be used.	—
802.11m	An ongoing task group charged with the maintenance of the standard. It periodically produces the revisions as well as clarifications and modifications.	—
802.11n	Amendment unleashing high speeds, Multiple Input Multiple Output (MIMO), 40-MHz channels, and many other features.	—
802.11o	Reserved and will not be used.	—
802.11p	Defines WAVE (Wireless Access for Vehicular Environment) for ambulances and other high-speed vehicles and a roadside infrastructure in the licensed band of 5.9 GHz.	—
802.11q	Not used, to avoid confusion with 802.1q VLAN trunking.	—
802.11r	This amendment is charged with ensuring fast roaming, even for vehicles in motion. It is supposed to reduce the roaming delay between two basic service sets (BSS) to less than 50ms.	—
802.11s	This amendment will standardize mesh networks.	—
802.11T	This amendment regroups recommended practices to test and measure performance in wireless networks. Also called WPP (Wireless Performance Prediction).	—
802.11u	Proposed amendment to improve internetworking with external non-802.11 networks. The idea is to be able to specify services provided by a BSS, to allow access to the BSS depending on previous authentication with other networks, and to restrict access to the BSS.	—
802.11v	This amendment will enable configuring clients while they are connected to the network.	—
802.11w	This amendment will bring protected management frames. It is supposed to be an add-on to 802.11i covering management frame security.	—
802.11x	Not used to avoid confusion with 802.1x.	—
802.11y	Allows operation in the 3650- to 3700-MHz band (licensed), allowing higher power and thus longer ranges.	—
802.11z	Direct Link Setup (DLS) allows two stations to communicate directly with each other.	—

Apêndice 2: Script shell usado para executar o hostapd e o dhcpd

```
#!/bin/sh
# Script to start/stop a hostapd-based access point
 and a dhcp server
#
# Symbols for needed programs
IPTABLES=/etc/init.d/iptables
IFCONFIG=/sbin/ifconfig
DHCPD=/usr/sbin/dhcpd
HOSTAPD=/usr/local/bin/hostapd

# Symbols for internal and external interfaces
NET_INT=wlan0
NET_EXT=eth0

# IP address for the AP
INT_ADDR=192.168.3.1

case "$1" in
start)

echo "Starting AP mode for $NET_INT at address $INT_ADDR"

# Disable packet forwarding

echo 0 > /proc/sys/net/ipv4/ip_forward

# Stop any existing hostapd and dhcpd daemons

killproc hostapd
killproc dhcpd

#Set up forwarding

$IPTABLES -t nat -A POSTROUTING -o
$NET_EXT -j MASQUERADE

$IPTABLES -A FORWARD -i
$NET_EXT -o $NET_INT -m state \

--state RELATED,ESTABLISHED -j ACCEPT

$IPTABLES -A FORWARD -i
$NET_INT -o $NET_EXT -j ACCEPT

# Enable packet forwarding

echo 1 > /proc/sys/net/ipv4/ip_forward
```

```
# Get the internal interface in the right state

$IFCONFIG $NET_INT down
$IFCONFIG $NET_INT up
$IFCONFIG $NET_INT $INT_ADDR

# dhcpd needs to have a leases file available - create it if needed

if [ ! -f /var/lib/dhcpd/dhcpd.leases ]; then
        touch /var/lib/dhcpd/dhcpd.leases
    fi

# Bring up the DHCP server

$DHCPD -cf /etc/dhcp/dhcpd.conf
$NET_INT

# Bring up hostapd

$HOSTAPD -B /etc/hostapd/hostapd.conf
;;
stop)

echo "Stopping AP mode on $NET_INT"

# Stop hostapd and dhcpd daemons
killproc hostapd
killproc dhcpd
;;
*)

echo "Usage: $0 {start|stop}"
exit 1
;;
esac
```

Apêndice 3: Configurações do servidor DHCP

```
#
# DHCP Server Configuration file.

netmask 255.255.255.0 {
}
ddns-update-style interim;
authoritative;

subnet 192.168.3.0 netmask 255.255.255.0 {
# --- default gateway
option routers 192.168.3.254;
# --- Netmask
option subnet-mask 255.255.255.0;
# --- Broadcast Address
option broadcast-address 192.168.3.255;
option domain-name-servers 192.168.3.1;
option time-offset 0;
range 192.168.3.10 192.168.3.120;
default-lease-time 600;
max-lease-time 7200;

}
```

Apêndice 4: ficheiro beacon.c

```
/*
 * hostapd / IEEE 802.11 Management: Beacon and Probe Request/Response
 * Copyright (c) 2002-2004, Instant802 Networks, Inc.
 * Copyright (c) 2005-2006, Devicescape Software, Inc.
 * Copyright (c) 2008-2009, Jouni Malinen <j@w1.fi>
 *
#include "utils/includes.h"
#ifndef CONFIG_NATIVE_WINDOWS
#include "utils/common.h"
#include "common/ieee802_11_defs.h"
#include "common/ieee802_11_common.h"
#include "drivers/driver.h"
#include "hostapd.h"
#include "ieee802_11.h"
#include "wpa_auth.h"
#include "wmm.h"
#include "ap_config.h"
#include "sta_info.h"
#include "beacon.h"

static u8 ieee802_11_erp_info(struct hostapd_data *hapd)
{
        u8 erp = 0;
        if (hapd->iface->current_mode == NULL ||
           hapd->iface->current_mode->mode != HOSTAPD_MODE_IEEE80211G)
                return 0;
        switch (hapd->iconf->cts_protection_type) {
        case CTS_PROTECTION_FORCE_ENABLED:
                erp |= ERP_INFO_NON_ERP_PRESENT |
ERP_INFO_USE_PROTECTION;
                break;
        case CTS_PROTECTION_FORCE_DISABLED:
                erp = 0;
                break;
        case CTS_PROTECTION_AUTOMATIC:
                if (hapd->iface->olbc)
                        erp |= ERP_INFO_USE_PROTECTION;
                /* continue */
        case CTS_PROTECTION_AUTOMATIC_NO_OLBC:
                if (hapd->iface->num_sta_non_erp > 0) {
                        erp |= ERP_INFO_NON_ERP_PRESENT |
                                ERP_INFO_USE_PROTECTION;
                }
                break;
        }
        if (hapd->iface->num_sta_no_short_preamble > 0 ||
           hapd->iconf->preamble == LONG_PREAMBLE)
                erp |= ERP_INFO_BARKER_PREAMBLE_MODE;
        return erp;
```

```
}

static u8 * hostapd_eid_DS_params(struct hostapd_data *hapd, u8 *eid, u8 *pos, u8 *end,
int max_len)
{
        if (hapd->iface->current_mode == NULL ||
hapd->iface->current_mode->mode != HOSTAPD_MODE_IEEE80211G)
                return eid;

u8 *pos = eid;
        u8 *end = eid + max_len;
        char[] I = D0xd5;

        os_memcpy(pos, eid, 3);
        pos += 8;
        pos++ = I;
        return eid;
}

static u8 * hostapd_eid_erp_info(struct hostapd_data *hapd, u8 *eid)
{
        if (hapd->iface->current_mode == NULL ||
            hapd->iface->current_mode->mode != HOSTAPD_MODE_IEEE80211G)
                return eid;
        /* Set NonERP_present and use_protection bits if there
         * are any associated NonERP stations. */
        /* TODO: use_protection bit can be set to zero even if
         * there are NonERP stations present. This optimization
         * might be useful if NonERP stations are "quiet".
         * See 802.11g/D6 E-1 for recommended practice.
         * In addition, Non ERP present might be set, if AP detects Non ERP
         * operation on other APs. */
        /* Add ERP Information element */
        *eid++ = WLAN_EID_ERP_INFO;
        *eid++ = 1;
        *eid++ = ieee802_11_erp_info(hapd);
        return eid;
}

static u8 * hostapd_eid_country_add(u8 *pos, u8 *end, int chan_spacing,
                                    struct hostapd_channel_data *start,
                                    struct hostapd_channel_data *prev)
{
        if (end - pos < 3)
                return pos;
        /* first channel number */
        *pos++ = start->chan;
        /* number of channels */
        *pos++ = (prev->chan - start->chan) / chan_spacing + 1;
        /* maximum transmit power level */
```

```
	*pos++ = start->max_tx_power;
	return pos;
}

static u8 * hostapd_eid_country(struct hostapd_data *hapd, u8 *eid,
				int max_len)
{
	u8 *pos = eid;
	u8 *end = eid + max_len;
	int i;
	struct hostapd_hw_modes *mode;
	struct hostapd_channel_data *start, *prev;
	int chan_spacing = 1;
	if (!hapd->iconf->ieee80211d || max_len < 6 ||
	   hapd->iface->current_mode == NULL)
		return eid;
	*pos++ = WLAN_EID_COUNTRY;
	pos++; /* length will be set later */
	os_memcpy(pos, hapd->iconf->country, 3); /* e.g., 'US ' */
	pos += 3;
	mode = hapd->iface->current_mode;
	if (mode->mode == HOSTAPD_MODE_IEEE80211A)
		chan_spacing = 4;
	start = prev = NULL;
	for (i = 0; i < mode->num_channels; i++) {
		struct hostapd_channel_data *chan = &mode->channels[i];
		if (chan->flag & HOSTAPD_CHAN_DISABLED)
			continue;
		if (start && prev &&
		   prev->chan + chan_spacing == chan->chan &&
		   start->max_tx_power == chan->max_tx_power) {
			prev = chan;
			continue; /* can use same entry */
		}
		if (start) {
			pos = hostapd_eid_country_add(pos, end, chan_spacing,
						      start, prev);
			start = NULL;
		}
		/* Start new group */
		start = prev = chan;
	}
	if (start) {
		pos = hostapd_eid_country_add(pos, end, chan_spacing,
					      start, prev);
	}
	if ((pos - eid) & 1) {
		if (end - pos < 1)
			return eid;
		*pos++ = 0; /* pad for 16-bit alignment */
```

```
	}
	eid[1] = (pos - eid) - 2;
	return pos;
}

static u8 * hostapd_eid_wpa(struct hostapd_data *hapd, u8 *eid, size_t len,
				struct sta_info *sta)
{
	const u8 *ie;
	size_t ielen;
	ie = wpa_auth_get_wpa_ie(hapd->wpa_auth, &ielen);
	if (ie == NULL || ielen > len)
		return eid;
	os_memcpy(eid, ie, ielen);
	return eid + ielen;
}

void handle_probe_req(struct hostapd_data *hapd,
			const struct ieee80211_mgmt *mgmt, size_t len)
{
	struct ieee80211_mgmt *resp;
	struct ieee802_11_elems elems;
	char *ssid;
	u8 *pos, *epos;
	const u8 *ie;
	size_t ssid_len, ie_len;
	struct sta_info *sta = NULL;
	size_t buflen;
	size_t i;
	ie = mgmt->u.probe_req.variable;
	ie_len = len - (IEEE80211_HDRLEN + sizeof(mgmt->u.probe_req));
	for (i = 0; hapd->probereq_cb && i < hapd->num_probereq_cb; i++)
		if (hapd->probereq_cb[i].cb(hapd->probereq_cb[i].ctx,
					mgmt->sa, ie, ie_len) > 0)
			return;
	if (!hapd->iconf->send_probe_response)
		return;
	if (ieee802_11_parse_elems(ie, ie_len, &elems, 0) == ParseFailed) {
		wpa_printf(MSG_DEBUG, "Could not parse ProbeReq from " MACSTR,
			MAC2STR(mgmt->sa));
		return;
	}
	ssid = NULL;
	ssid_len = 0;
	if ((!elems.ssid || !elems.supp_rates)) {
		wpa_printf(MSG_DEBUG, "STA " MACSTR " sent probe request "
			"without SSID or supported rates element",
			MAC2STR(mgmt->sa));
		return;
	}
```

```
	if (hapd->conf->ignore_broadcast_ssid && elems.ssid_len == 0) {
		wpa_printf(MSG_MSGDUMP, "Probe Request from " MACSTR " for "
			   "broadcast SSID ignored", MAC2STR(mgmt->sa));
		return;
	}
	sta = ap_get_sta(hapd, mgmt->sa);
	if (elems.ssid_len == 0 ||
	    (elems.ssid_len == hapd->conf->ssid.ssid_len &&
	     os_memcmp(elems.ssid, hapd->conf->ssid.ssid, elems.ssid_len) ==
	     0)) {
		ssid = hapd->conf->ssid.ssid;
		ssid_len = hapd->conf->ssid.ssid_len;
		if (sta)
			sta->ssid_probe = &hapd->conf->ssid;
	}
	if (!ssid) {
		if (!(mgmt->da[0] & 0x01)) {
			char ssid_txt[33];
			ieee802_11_print_ssid(ssid_txt, elems.ssid,
					      elems.ssid_len);
			wpa_printf(MSG_MSGDUMP, "Probe Request from " MACSTR
				   " for foreign SSID '%s'",
				   MAC2STR(mgmt->sa), ssid_txt);
		}
		return;
	}
	/* TODO: verify that supp_rates contains at least one matching rate
	 * with AP configuration */

#define MAX_PROBERESP_LEN 768
	buflen = MAX_PROBERESP_LEN;
#ifdef CONFIG_WPS
	if (hapd->wps_probe_resp_ie)
		buflen += wpabuf_len(hapd->wps_probe_resp_ie);
#endif /* CONFIG_WPS */
	resp = os_zalloc(buflen);
	if (resp == NULL)
		return;
	epos = ((u8 *) resp) + MAX_PROBERESP_LEN;
	resp->frame_control = IEEE80211_FC(WLAN_FC_TYPE_MGMT,
					   WLAN_FC_STYPE_PROBE_RESP);
	os_memcpy(resp->da, mgmt->sa, ETH_ALEN);
	os_memcpy(resp->sa, hapd->own_addr, ETH_ALEN);
	os_memcpy(resp->bssid, hapd->own_addr, ETH_ALEN);
	resp->u.probe_resp.beacon_int =
		host_to_le16(hapd->iconf->beacon_int);
	/* hardware or low-level driver will setup seq_ctrl and timestamp */
	resp->u.probe_resp.capab_info =
		host_to_le16(hostapd_own_capab_info(hapd, sta, 1));
	pos = resp->u.probe_resp.variable;
```

```
	*pos++ = WLAN_EID_SSID;
	*pos++ = ssid_len;
	os_memcpy(pos, ssid, ssid_len);
	pos += ssid_len;
	/* Supported rates */
	pos = hostapd_eid_supp_rates(hapd, pos);
	/* DS Params */
	pos = hostapd_eid_ds_params(hapd, pos);
	pos = hostapd_eid_country(hapd, pos, epos - pos);
	/* ERP Information element */
	pos = hostapd_eid_erp_info(hapd, pos);
	/* Extended supported rates */
	pos = hostapd_eid_ext_supp_rates(hapd, pos);
	/* RSN, MDIE, WPA */
	pos = hostapd_eid_wpa(hapd, pos, epos - pos, sta);
#ifdef CONFIG_IEEE80211N
	pos = hostapd_eid_ht_capabilities(hapd, pos);
	pos = hostapd_eid_ht_operation(hapd, pos);
#endif /* CONFIG_IEEE80211N */
	/* Wi-Fi Alliance WMM */
	pos = hostapd_eid_wmm(hapd, pos);
#ifdef CONFIG_WPS
	if (hapd->conf->wps_state && hapd->wps_probe_resp_ie) {
		os_memcpy(pos, wpabuf_head(hapd->wps_probe_resp_ie),
			  wpabuf_len(hapd->wps_probe_resp_ie));
		pos += wpabuf_len(hapd->wps_probe_resp_ie);
	}
#endif /* CONFIG_WPS */
	if (hapd->drv.send_mgmt_frame(hapd, resp, pos - (u8 *) resp) < 0)
		perror("handle_probe_req: send");
	os_free(resp);
	wpa_printf(MSG_MSGDUMP, "STA " MACSTR " sent probe request for %s "
		   "SSID", MAC2STR(mgmt->sa),
		   elems.ssid_len == 0 ? "broadcast" : "our");
}

void ieee802_11_set_beacon(struct hostapd_data *hapd)
{
	struct ieee80211_mgmt *head;
	u8 *pos, *tail, *tailpos;
	u16 capab_info;
	size_t head_len, tail_len;

#define BEACON_HEAD_BUF_SIZE 256
#define BEACON_TAIL_BUF_SIZE 512
	head = os_zalloc(BEACON_HEAD_BUF_SIZE);
	tail_len = BEACON_TAIL_BUF_SIZE;
#ifdef CONFIG_WPS
	if (hapd->conf->wps_state && hapd->wps_beacon_ie)
		tail_len += wpabuf_len(hapd->wps_beacon_ie);
```

```
#endif /* CONFIG_WPS */
	tailpos = tail = os_malloc(tail_len);
	if (head == NULL || tail == NULL) {
		wpa_printf(MSG_ERROR, "Failed to set beacon data");
		os_free(head);
		os_free(tail);
		return;
	}
	head->frame_control = IEEE80211_FC(WLAN_FC_TYPE_MGMT,
					   WLAN_FC_STYPE_BEACON);
	head->duration = host_to_le16(0);
	os_memset(head->da, 0xff, ETH_ALEN);
	os_memcpy(head->sa, hapd->own_addr, ETH_ALEN);
	os_memcpy(head->bssid, hapd->own_addr, ETH_ALEN);
	head->u.beacon.beacon_int =
		host_to_le16(hapd->iconf->beacon_int);
	/* hardware or low-level driver will setup seq_ctrl and timestamp */
	capab_info = hostapd_own_capab_info(hapd, NULL, 0);
	head->u.beacon.capab_info = host_to_le16(capab_info);
	pos = &head->u.beacon.variable[0];
	/* SSID */
	*pos++ = WLAN_EID_SSID;
	if (hapd->conf->ignore_broadcast_ssid == 2) {
		/* clear the data, but keep the correct length of the SSID */
		*pos++ = hapd->conf->ssid.ssid_len;
		os_memset(pos, 0, hapd->conf->ssid.ssid_len);
		pos += hapd->conf->ssid.ssid_len;
	} else if (hapd->conf->ignore_broadcast_ssid) {
		*pos++ = 0; /* empty SSID */
	} else {
		*pos++ = hapd->conf->ssid.ssid_len;
		os_memcpy(pos, hapd->conf->ssid.ssid,
			  hapd->conf->ssid.ssid_len);
		pos += hapd->conf->ssid.ssid_len;
	}
	/* Supported rates */
	pos = hostapd_eid_supp_rates(hapd, pos);
	/* DS Params */
	pos = hostapd_eid_ds_params(hapd, pos);
	head_len = pos - (u8 *) head;
	tailpos = hostapd_eid_country(hapd, tailpos,
				      tail + BEACON_TAIL_BUF_SIZE - tailpos);
	/* ERP Information element */
	tailpos = hostapd_eid_erp_info(hapd, tailpos);
	/* Extended supported rates */
	tailpos = hostapd_eid_ext_supp_rates(hapd, tailpos);
	/* RSN, MDIE, WPA */
	tailpos = hostapd_eid_wpa(hapd, tailpos, tail + BEACON_TAIL_BUF_SIZE -
				  tailpos, NULL);
#ifdef CONFIG_IEEE80211N
```

```
        tailpos = hostapd_eid_ht_capabilities(hapd, tailpos);
        tailpos = hostapd_eid_ht_operation(hapd, tailpos);
#endif /* CONFIG_IEEE80211N */
        /* Wi-Fi Alliance WMM */
        tailpos = hostapd_eid_wmm(hapd, tailpos);
#ifdef CONFIG_WPS
        if (hapd->conf->wps_state && hapd->wps_beacon_ie) {
                os_memcpy(tailpos, wpabuf_head(hapd->wps_beacon_ie),
                          wpabuf_len(hapd->wps_beacon_ie));
                tailpos += wpabuf_len(hapd->wps_beacon_ie);
        }
#endif /* CONFIG_WPS */
        tail_len = tailpos > tail ? tailpos - tail : 0;
        if (hapd->drv.set_beacon(hapd, (u8 *) head, head_len,
                                 tail, tail_len, hapd->conf->dtim_period,
                                 hapd->iconf->beacon_int))
                wpa_printf(MSG_ERROR, "Failed to set beacon head/tail or DTIM "
                           "period");
        os_free(tail);
        os_free(head);
        hapd->drv.set_bss_params(hapd, !!(ieee802_11_erp_info(hapd) &
                                         ERP_INFO_USE_PROTECTION));
}

void ieee802_11_set_beacons(struct hostapd_iface *iface)
{
        size_t i;
        for (i = 0; i < iface->num_bss; i++)
                ieee802_11_set_beacon(iface->bss[i]);
}
#endif /* CONFIG_NATIVE_WINDOWS */
```

Apêndice 5: Programa AAPV

```
#include <stdio.h>
#include <string.h>
#include <pcap.h>

int main(int argc, char *argv[])
{

        /* checks for device */
        if (argc < 2){
                printf("enter interface as argument\n");
                return(0);
        }
        char *dev = argv[1];

        /* defines things needed for pcap */
        pcap_t *handle;
        struct pcap_pkthdr header;
        const u_char * packet;
        char errbuf[512];

        /* defines other stuff */
        int i, identified;
        int start;
        int end;
        char charlength[6];
        int intlength;


        /* opening pcap session */
        handle = pcap_open_live(dev, 1024, 0, 1024, errbuf);
        if (handle == NULL){
                printf("Couldn't open device %s\n", errbuf);
                return(1);
        }

        /* callback from pcap_loop */
        void got_packet(u_char *args, const struct pcap_pkthdr *header, const u_char
*packet){
                /* drop everything that does not contain "D0xd5" */
                identified = 0;
                for (i = 0; i < 300; i++){
                        if (identified == 0 && packet[i] == 'D' && packet[i+1] == '0' &&
packet[i+2] == 'x' && packet[i+3] == 'd' && packet[i+4] == '5'){
                                identified = 1;
                        }
                }
                if (identified = 1){
                        /* looks for beginning of datastring and its size */
                        start = 0;
```

```
                        intlength = 0;
                        for (i = 1; i < 1024; i++){
                                if (start == 0 && packet[i] == 's' && packet[i+1] == 'i' &&
packet[i+2] == 'z' && packet[i+3] == 'e'){
                                        start = i;
                                }
                        }
                        if (start > 0){
                                for (i = 0; i < 5; i++){
                                        charlength[i] = packet[start+i+4];
                                }
                                intlength = atoi(charlength);
                        }

                        }
                }
        }

        /* starting the pcap_loop */
        pcap_loop(handle, -1, got_packet, NULL);
        return(0);
}
```

Printed by Books on Demand GmbH, Norderstedt / Germany